育英科技课程系列丛书

丛书主编　于会祥
丛书副主编　梁秋颖

综合科学 ③

鲁婷婷　徐　娟　张婷婷　牛冬梅　著

机械工业出版社
CHINA MACHINE PRESS

本书是"育英科技课程系列丛书"之一，它遵循中学生认知水平和心理特点，采用项目式学习理念设计内容，依据《义务教育科学课程标准（2022年版）》编写。本书由10个项目组成，突出对校园生态环境中的生命科学相关现象进行探索实践，如育英山楂果冻保鲜的研究、柿子采摘器制作、校园防虫卫士、校园不同绿地类型小气候变化研究等，精彩纷呈，趣味十足。这是一场关于科学的快乐实践之旅，我们会感知生命的神奇、科学的严谨和工程的巧妙。且思且行，这本书也有不少可以留下你探究足迹的板块，需要你用心完成任务，留下满意的作品。

本书可供五四制或六三制七年级第一学期学生学习"科学"学科的补充课程使用。

图书在版编目（CIP）数据

综合科学. 3 / 鲁婷婷等著. -- 北京：机械工业出版社，2024.6. -- （育英科技课程系列丛书 / 于会祥主编）. -- ISBN 978-7-111-76046-7

Ⅰ. G634.71

中国国家版本馆CIP数据核字第2024M52A38号

机械工业出版社（北京市百万庄大街22号　邮政编码100037）
策划编辑：熊　铭　　　　　责任编辑：熊　铭　苏筛琴
责任校对：张爱妮　宋　安　责任印制：张　博
北京联兴盛业印刷股份有限公司印刷
2024年7月第1版第1次印刷
184mm×260mm·8.25印张·127千字
标准书号：ISBN 978-7-111-76046-7
定价：39.00元

电话服务　　　　　　　　　网络服务
客服电话：010-88361066　　机　工　官　网：www.cmpbook.com
　　　　　010-88379833　　机　工　官　博：weibo.com/cmp1952
　　　　　010-68326294　　金　书　网：www.golden-book.com
封底无防伪标均为盗版　机工教育服务网：www.cmpedu.com

育英科技课程研究小组

组　　长　梁秋颖

副组长　鲁婷婷

成　　员（以姓氏拼音排序）

　　丁曼旎　李豆豆　李　佳　李玮琳　牛冬梅

　　强　荣　孙宇阳　徐　娟　薛　晖　野雪莲

　　詹　静　张　花　张婷婷　赵运华

丛书序

科学教育是关乎全局和未来的大事。回望历史，科学打开了人类进步的大门。如果没有科学，人类可能仍然行走在黑暗之中，整日忙于生计却仍难以果腹，更无法摆脱愚昧的枷锁。展望未来，新一轮科技革命和产业变革正在重构全球创新版图、重塑全球经济结构。科技进步不仅改变着我们所处的世界，也深刻影响着国家前途命运和人民生活福祉。中小学阶段是孩子成长的拔节孕穗期，也是树立科学信念、增强科学素养的关键时期，这一阶段对于深化拔尖创新人才早期培养、构建支撑科技自立自强的人才链具有重要意义。

如何做好科学教育，已经成为摆在每一所中小学学校面前的时代课题。2023年5月，教育部等十八部门联合印发了《关于加强新时代中小学科学教育工作的意见》，文件明确指出，推动中小学科学教育学校主阵地与社会大课堂有机衔接，提高学生科学素质，培育具备科学家潜质、愿意献身科学研究事业的青少年群体，培养社会主义建设者和接班人。

北京育英学校从西柏坡一路走来，在赓续红色基因的同时，将科学教育作为为党育人、为国育才的重要抓手，专门成立跨学科教研团队，汇集数学、物理、化学、生物学、劳动、历史、信息科技、科学等学科的优秀师资力量，持续推进科技课程建设，实施启发式、探究式教学，探索项目式、跨学科学习，成功走出了一条科学教育特色办学之路。2023年5月31日，习近平总书记在育英学校考察时指出，科学实验课是培养孩子们科学思维、探索未知兴趣和创新意识的有效方式。总书记希望同学们从小树立"科技创新、强国有我"的志向，当下勇当小科学家，未来争当大科学家，为实现我国高水平科技自立自强作贡献。

我曾经沿着总书记的足迹到育英学校调研，从学生农场到科学教室，从课程教学到校园文化，边走边看，边学边悟，深刻感受到科学教育在这里深深扎根、悄然开花的育人魅力。在育英学校，学生可以在农作物种植中学习科学，可以在过山车实验中探究科学，甚至在教学楼后面还专门设有一处名为"科技苑"的活动区，学生可以利用课余时间，通过声聚焦、比扭力等30余件科技互动室外实验装置体验科学……

在育英学校调研时，育英学校于会祥书记讲了一个发人深省的育人故事。十多年前，学校有一名学生，他从小就非常喜欢研究昆虫，立志成为中国的法布尔。然而，爱好昆虫的他却受到了个别教师的一些质疑，认为他不以学业为重，不务正业。学校为了更好地保护他的好奇心、探求欲，激励更多学生爱科学、学科学、用科学，专门为他建造了一间开展昆虫研究的实验室，并以他的名字来命名。学校的支持与鼓励极大地激发了他的科学热情，他率先成立了昆虫社团，并最终顺利考入了心仪的大学。如今，育英学校已经拥有100多个学生自主社团，其中42个是科技社团。科学的种子正在一批又一批的育英学子心中生根、发芽、开花、结果。

经过长期探索与实践，育英学校科学教育体系化建设取得了显著成效，科技课程设置、教学创新、资源开发、环境营建等浑然一体，"做中学""玩中学"蔚然成风。在此基础上，"育英科技课程系列丛书"应运而生。它绝不是一套浅尝辄止的资料汇编，而是一份凝结了师生智慧、历经实践检验的行动指南。它对于中小学学校在"双减"政策背景下如何做好科学教育加法具有重要的借鉴和指导意义。

"育英科技课程系列丛书"内容丰富，第一期共有9个分册，努力做到了课程与配套资源的互补，保证学生在课上和课下的学习都能得到全方位的支持。目前，育英学校将科技课程纳入课表，作为正式课程实施，面向每一位学生开展跨学科教学和实践育人活动，以师生行动助推科学教育不断完善和优化。

其中，《综合科学》有4个分册，重点关注学生怎么学，遵循"知—思—行—达"目标体系，以学生为主体，在内容和方法上培养学生的创新思维和创新能力。考虑到不同层次学生的学习需求，我们根据项目任务的难度和复杂程度对项目进行了分类，并依据解决每一个项目问题所用的思维方法确定主要的表现性任务，进阶地设计了不同级别的课程。在这一过程中，教师不仅是学习的指导者，还是学习过程的评估员。项目注重运用评价量规进行过程性评估和结果检测，以监督学生实实在在地开展综合性学习实践。

《科学研究指南》分册以科学研究的基本流程为内容，为学生进行自主探究提供帮助。整体框架以科学研究流程为基础，涵盖了提出问题、进行猜想与假设、制订计划与方案、收集与整理数据、分析与总结、得出结论、形成成果以及展示成果等环节。学生只需阅读全书并根据提示将思考记录下来，就能在不知不觉中完成一次完整的科学研究。

　　《综合科学　学生自主探究成果集》分册是在学生完成《综合科学》学习之后，以学生自主探究思考与实践所取得的成果为主要内容的30个作品集锦。

　　《初中数学建模》分册从初中数学内容出发，给出了15个数学模型案例，这些案例旨在培养学生运用数学语言描述实际问题，运用数学知识和信息技术手段分析和解决实际问题，从而激发学生数学学习和探究科学的内生动力，增强他们的科学创新能力。

　　《初中数学建模　学生自主探究成果集》分册是在学生完成《初中数学建模》学习之后，以学生自主探究思考与实践所取得的成果为主要内容的47个作品集锦。

　　《Python基础探究》分册由《Python基础探究　学习指南》和《Python基础探究　实践指南》组成，从学生的思维发展入手，引导学生去主动思考、构建逻辑、创新实践，让学生在自己的主动思考中获得学习成就。《Python基础探究　学习指南》以问题探究的方式引导学生带着疑问主动学习，在掌握基础知识的同时建立兴趣、厘清思维逻辑。《Python基础探究　实践指南》以项目实践的方式，引领学生带着知识和技术走进生活中的实际情境，探究使用计算机程序设计创造性地解决问题的方法。

　　"日出江花红胜火，春来江水绿如蓝。"科学教育的春天扑面而来，我们要抓住机遇、乘势而上，从育英学校的科技教育实践中汲取智慧、积蓄力量，因地制宜构建科技课程与资源体系，创新课堂教学方式，深入实施启发式、探究式、项目式学习，广泛开展丰富多彩的学生科技社团与兴趣小组活动，引导学生培养科学精神、增强科技自信自立、厚植家国情怀，编织当科学家的梦想，为中国式现代化提供有力的人才支撑。

中国教育科学研究院
曹培杰

前言

习近平总书记提出要培养担当民族复兴大任的时代新人。如今,基础教育课程改革进入"素养"时代。所谓"素养",是指学生应具备能够适应终身发展和社会发展需要的必备品格和关键能力。素养是课程的根本遵循,课程是素养的有效手段。

作为课程改革的主阵地,综合科学课程建设成为我们应对变化的有力武器。如果同学们不断将注意力集中在同一个学科,不管这个学科多么有趣,都会把人的思想禁锢在一个狭窄的领域之内。在综合科学课程的学习实践中,同学们可以体验从知识技能到素养的真实收获。

请同学们永葆对科学的好奇心,坚持求真、质疑、开放、合作,敢于创造,在自己的生活中,结合兴趣特长,提出个性化的问题。以问题为导向,跨学科、跨学段地进行自主探索,采用观察、测量、实验、发明、推理、解释等研究方法,亲历研究过程,大胆提出并验证自己的假设,基于证据和逻辑获得新知,建立模型,实事求是,追求创新,勇于表达。

本书的项目1和项目8由张婷婷、牛冬梅老师设计,侧重于对微生态的观察;项目2、项目3和项目10由徐娟老师设计,侧重于对校园生态的研究;项目4、项目5、项目6、项目7和项目9由鲁婷婷老师设计,侧重于以工程实践、游戏比拼等趣味性的方式形成创意产品;全书由鲁婷婷老师统稿。

我们虽倾力领会项目式学习、表现性评价等要点,遴选、研磨、打造了10个项目,但必定与跨学科项目式学习的要求还有距离,希望课例设计和编写团队提供的这些样本,能引发更多的老师思考和探索实践。欢迎大家提出宝贵的建议!让我们一起为做好科学加法而努力!

目录

丛书序

前言

项目1　树坑的大千世界　　　　　　　　1

项目2　校园绿地小气候研究　　　　　　11

项目3　"育英"山楂　　　　　　　　　　21

项目4　设计制作摘果器　　　　　　　　31

项目5　甜点世界杯　　　　　　　　　　56

项目6　花生知多少　　　　　　　　　　68

项目7　太空种子种植实践　　　　　　　78

项目8　如何养好一株植物　　　　　　　93

项目9　育英植物志——花开育英　　　　104

项目10　校园"防虫卫士"　　　　　　　116

项目 1 树坑的大千世界

走进情境，融入角色 >>>

　　无论春夏秋冬，育英学校里的世纪林都会把最美的风景呈现给每位师生，在这里可以寻找志同道合的伙伴。大家带着极大的好奇心一起翻找树坑里的小动物，分享在音乐世界中的领悟，一起把秋天的记忆定格在每一片飞舞的银杏叶上。这里的每一棵植物见证着生活在校园里的人们的喜怒哀乐，我们有没有看到过图 1-1 所示的情境呢？挺拔的雪松看着郁郁葱葱，其下的树坑为什么会有的种植物，有的放火山岩呢？树坑在生活中我们经常见到，它是不是一个小的生态系统呢？我们如何认识树坑？树坑能给我们的生活带来什么影响？让我们一起行动起来，走进树坑吧。

图 1-1

在此项目中，你需要迎接的挑战是：

　　经历探究过程，运用观察法和调查法对校园或家庭附近的树坑进行调查，用表格等形式记录调查结果；能够将调查结果用数据模型和立体结构实物模型的形式进行展示交流。

表现性任务 >>>

1. 任务类型
科学调查报告，实物模型制作。

2. 涉及学科
数学、生物学。

3. 任务复杂程度
★★★

4. 科学素养特色培养
能够通过调查法来获取证据，并运用证据与推理对研究问题进行描述；能基于经验事实概括出理想模型，初步具备理解和建构模型的能力。

学习目标 >>>

1. 科学概念
通过探索，能够选定合适的分类依据，对校园或家庭附近树坑里的生物进行分类，并比较各种生物间的异同点；能够举例阐明生物与环境之间的关系，找出该生态系统中的生物及非生物因素。

2. 思维方法
经历探究过程，运用观察法和调查法对校园或家庭附近的树坑进行调查，用表格等形式记录调查结果。

分析生态系统的组成成分及其营养结构，提升分析综合和推理的思维能力。

3. 探究能力
通过探究过程，能够独立对生物进行有目的的观察；能够开展调查，收集并分析资料，图文并茂地展现调查报告；能够将调查结果用数据模型的形式进行展现。

4. 态度责任
体验科学观察与调查的过程，感受生态系统内各成分之间和各生态系统之间的密切联系，树立生物与环境不可分割的理念，提升环保意识。

任务1　树坑微生态调查

活动1：小树坑，大作用

在公园、街道和小区，你见过哪些树坑？用画图的形式表达常见的不同类型的树坑。

● 有理有据，敢于表达 ●

依据树坑的形态和结构特点，你认为设计树坑有什么作用？

知识链接

随着城市道路新建和改扩建的高速发展，行道树栽植的规模和质量越来越高，已经成为城市生态环境建设中的一个重要组成部分。行道树栽植完成后，在树干基部留有面积小于种植面的栽植坑，目的是使行道树根部通过裸露地和外界环境保持接触，作为水肥养分的介质，从而提高树木的成活率和生命力。对于行道树栽植坑的后期处理，现行的做法一般是按使用频率从高到低划分为三种：一是任其裸露；二是草皮覆盖；三是物理覆盖，如用鹅卵石、有机树皮填充覆盖或用由金属等材料制成的树围覆盖。

活动2：构建生物与环境的关系

（1）回顾你平时见到的树坑，说一说，树坑里的常见生物有哪些？

（2）如果你一时想不起来，可以参考图1-2和图1-3，认识一些常见的树坑植物。当然，树坑里的生物种类还不止这些，可以和小组成员讨论一下，预设树坑里的生物种类。

图 1-2

图 1-3

探究实践，获取证据

（1）回顾生态系统相关知识，请你把罗列出来的生物进行分类。

（2）画图表示生物与环境之间的关系。

活动 3：树坑微生态调查

1. 制订调查方案

（1）调查准备：选定树坑位置、确定调查时间、组内分工、设计记录表。

（2）调查过程：测算树坑的面积；调查树坑内生物的种类、数量。

（3）（选做）尝试对比不同绿化组和对照组裸露树坑的土壤含水率。

2. 任务

展开调查，并撰写调查报告。

探究实践，获取证据。

请你和小组成员一起设计调查树坑的表格，标明小组各个成员的分工，记录调查的生物到树坑两个邻边的距离。

说明：

①如果观察植物，可观测的指标有：茎的高度、茎的表面特点、叶的形态、叶的长和宽、花的颜色、花的形态、花的大小，以及其他需要补充的内容。

②如果观察动物，可观测的指标有：动物的形态特征，如体长、体色、体形等。

任务 2　数学模型和实物模型制作

活动1：空间直角坐标系绘制

说明：①标记坐标轴的X、Y、Z轴和起始位置点。
　　　②设定坐标轴的刻度数据（以mm为单位）。
　　　③图形美观。
　　　④依据表1-1中的数据进行标注。

知识链接

如何绘制空间直角坐标系

空间直角坐标系是过空间定点O作三条互相垂直的数轴，它们都以O为原点，具有相同的单位长度。这三条数轴分别称为X轴（横轴）、Y轴（纵轴）、Z轴（竖轴），统称为坐标轴。

活动 2：制作微生态模型

● 有理有据，敢于表达 ●

选材，根据获取的数据及文字信息充分利用材料，并对材料的使用进行解释说明。

做一做

计算树坑的大小比例，制作立体模型，拍照贴在下面，可参考图1-4和图1-5。

图 1-4 　　　　　　　　图 1-5

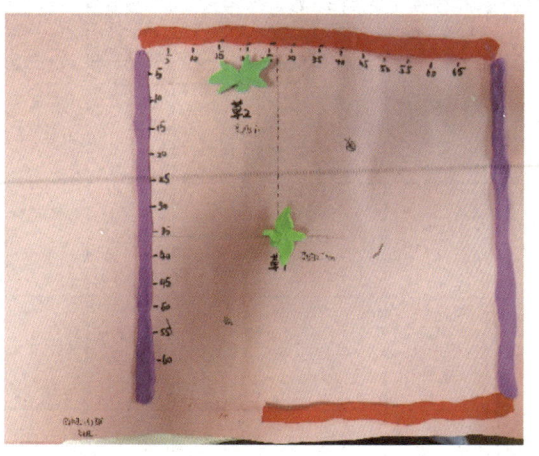

讲一讲

分小组进行立体模型展示交流，对比原始树坑照片进行评价。

预期成果

在课上以小组为单位，成员分工合作对户外的树坑进行调查，将搜集到的数据信息记录在本组设计的表格中。

为了能获取更多的信息，尽可能用自己能观察到的特征表达出来。可以将调查表贴在下面，也可以借助表1-1完成调查。

表 1-1

第_____小组　　组长：_____
组员分工：测量：_____　　记录：_____　　展示介绍：_____
树坑位置：_____　　　　树坑面积：_____

生物种类	生物到树坑一个邻边的距离	生物到树坑另一个邻边的距离	生物特征							

说明：

（1）如果观察植物，可观测的指标有：茎的高度、茎的表面特点、叶的形态、叶的长和宽、花的颜色、花的形态、花的大小，以及其他需要补充的内容。

（2）如果观察动物，可观测的指标有：动物的形态特征，如体长、体色、体形等。

（3）为了能将树坑的相关数据更加直观地表现出来，结合同期数学课上学习的平面直角坐标系的知识，再主动学习空间直角坐标系的画法，感受数据下生物的特征。

（4）利用不同的材料，根据收集的数据和文字信息，依据一定的比例制作立体模型，通过植物分布的特点进一步理解生物与环境的关系。可以将模型照片贴在此页。

评价反思与改进优化

本项目中对树坑的认识，把我们的视野引入对小区和城市环境的观察，我们不仅学习了生物学的知识，还把数学课上刚学习的平面直角坐标的知识利用上了。请你对照表1-2对自己学习的情况进行评价与反思，以便日后改进。

表 1-2

评价内容	评价标准	分值	评分
树坑调查表设计及填写	观察内容全面，调查的指标描述和测量准确，表现形式规范	5分	
空间直角坐标系的表现	坐标轴标注，坐标轴的刻度数据单位长度一致，观测的生物位置关系描点、画线准确	5分	
实物模型的制作	选择材料合理，科学规范、有创新，具有引领示范作用	5分	
小组分工合作	每个成员都有明确分工，并且高效完成任务，同组成员合作融洽，更加团结	5分	
总分			
优化改进			
我在本项目中学到了			
有一些地方做得不好，我的遗憾			
如果重来一次，我想			

项目 2 校园绿地小气候研究

走进情境，融入角色 >>>

北京育英学校是北京市第一所"国际生态校园"，校园植物景观营造越来越受重视。人工配置不同种类的绿色植物及设施，发挥改善校园环境的生态价值，如图2-1所示，因此校园植物景观营造成为当下绿色校园可持续发展的重要举措。通过合理的规划与管理能够改善校园环境，寻求生态环境与精神文明的和谐发展。

图 2-1

在此项目中，你需要迎接的挑战是：

采用实地监测法，分别于上午和下午不同时间段，对不同植被配置模式的校园绿地内的温湿度、太阳辐射、风速、负氧离子等小气候指标进行监测；筛选出生态效益更优的校园绿地植被配置模式，为同学们提供舒适的室外学习娱乐空间，并对校园环境建设提出合理建议。

表现性任务 >>>

1 任务类型
科学探究报告。

2 涉及学科
生物学、地理、物理、数学。

3 任务复杂程度
★★★

4 科学素养特色培养
校园植物景观营造越来越受重视，校园绿地最突出的生态效益是净化空气、改善局部小气候。采用实地监测法对不同植被配置模式的校园绿地内的温湿度、太阳辐射、风速、负氧离子等小气候指标进行监测，探索局部小气候、空气负氧离子以及空气颗粒物的变化规律，培养学生的发散思维、创造性思维和实验探究能力。在探究过程中，形成保护植物就是保护人类自己的环保意识。

学习目标 >>>

1 科学概念
通过对校园不同类型绿地小气候变化的研究，能够知道空气的流动是风形成的原因。

了解地球上生活着不同种类的生物；理解生物与环境之间存在着相互依存的关系。

知道叶是植物蒸腾作用的主要器官等科学知识。

2 思维方法
经历校园不同类型绿地小气候变化的研究，运用科学探究的多种研究方法，能够重点掌握观察法、调查法。

3 探究能力
通过对校园不同类型绿地小气候变化的研究，能够体验科学探究是获取科学知识的重要途径；经历科学探究的一般过程，能够针对老师提出的可探究问题做出自己的假设；能够在老师的指导下制订计划、小组合作实施计划；能够表达和交流自己的探究结果，并能够对实验结果进行反思和评价。

4 态度责任
在探究过程中，认同植物可以美化人类的生活环境；关注周围生物的生存状况，意识到植物与人类生活的关系，从而加强保护生物资源的意识（保护植物就是保护人类自己）。

项目 2 | 校园绿地小气候研究

任务 1 校园植被配置模式调查

活动 1：认识我们校园里多种多样的植物

如果你发现了一种新的植物，如图2-2所示，但是你不知道它的功能，那你怎么来给它分类呢？我们这节课学习一种新的分类方式：按照植物的外形，我们把植物分为乔木、灌木、藤本植物和草本植物。

图 2-2

探究实践，获取证据

请你将观察到的植物画一画，并按照植物的外形进行分类和判断。

活动2：集体研讨，明确研究主题

植被配置模式有草本型、灌木型、乔木型及混合型，混合型又包括乔-灌-草混合型、乔-灌混合型、乔-草混合型，以及灌-草混合型。

自由选取育英学校内6~8种典型的植被配置模式为研究对象，采用实地监测法，分别于白天的不同时间段对不同植被配置模式的校园绿地内的温湿度、太阳辐射、风速、负氧离子等小气候指标进行监测，探索局部小气候、空气负氧离子以及空气颗粒物的变化规律，以期筛选出生态效益更优的校园绿地植被配置模式，对校园环境建设提出建议。为其他学校构建最佳校园绿地模式选择提供参考，也为北京市构建更加合理高效的城市林业建设模式提供依据。

探究实践，获取证据

认识我们校园里多种多样的植物，了解学校各样地绿化树种种类及数量，完成表2-1。

表 2-1

样地	植物类型					
	乔木（数量）		灌木（数量）		草本（数量）	藤本（数量）
	常绿	落叶	常绿	落叶	—	—
样地1						
样地2						
样地3						
样地4						
样地5						
样地6						

调查学校植被群落样地的基本信息，完成表2-2。

表 2-2

样地	样地位置	植物种类	平均树高	垂直结构	类型特点
样地1					
样地2					
样地3					
样地4					
样地5					
样地6					
对照组					

任务2 不同植被配置模式对小气候的影响

植物叶片的吸热和蒸腾，可使室内气温降低。在干燥季节，植物能提高室内的相对湿度。而在雨季，则又具有吸湿性，可明显降低室内的相对湿度。

探究实践，获取证据

请同学们调查不同植被配置模式对温度和湿度的影响，完成表2-3。

表 2-3

样地	时间：		时间：		时间：		时间：	
	温度	湿度	温度	湿度	温度	湿度	温度	湿度
样地1								
样地2								
样地3								
样地4								
样地5								
样地6								
对照组								

• 合理绘制，构建模型 •

请将你的测试结果以曲线图的形式绘制出来。注意横纵坐标的标注。

除了可以检测不同植被配置模式对温度和湿度的影响，我们还可以继续调查研究不同植被配置模式对风速的影响、不同植被配置模式对空气清洁度的作用，以及不同植被配置模式对空气颗粒物浓度的影响等。请根据以上需求，根据所掌握的调查技能继续完善探究过程。

知识链接　园林植物特别是木本植物繁茂的树冠，有降低风速的作用。夏季，树冠将太阳辐射阻挡后，风通过林地中的乔木树干，树荫部分的空气温度会比周围低，空气从温度高的外部流向温度低的树荫处，形成局部风环境的微循环。冬季，乔灌木树冠阻挡风通过，改变风向，降低风速。

空气中挥发性含氧有机物（如甲醛）、负氧离子影响空气的清洁程度。

通常按照不同污染物的空气动力学等效粒径进行分类，空气颗粒物污染可分为总悬浮颗粒物TSP（≤100μm）、粗颗粒物PM10（2.5~10.0μm）、细颗粒物PM2.5（1~2.5μm）和粒径最小的超细颗粒物PM1（≤1μm）。

任务3 不同植被配置模式绿地的评价

活动1：不同植被配置模式绿地的综合评价

自由选取育英学校不同的植被配置模式作为研究对象，根据对不同植被配置模式的调查结果，从小气候的影响、空气清洁度的影响、大气颗粒物浓度的影响等多个方面进行评价。

探究实践，获取证据

请为不同植被配置模式的绿地进行综合评价，完成表2-4。

表 2-4

样地	模式	气象因子因素		空气清洁度		大气颗粒物浓度		排序
		温度	湿度	负氧离子	甲醛	PM2.5	PM10	
样地1								
样地2								
样地3								
样地4								
样地5								
样地6								
对照组								

活动2：提出具有生态效益的植被配置模式优化方案

我们已经对不同配置模式的绿地环境小气候指标进行了检测，请通过对调查结果的统计和分析，对育英学校不同区域的校园环境建设提出合理建议。

预期成果

通过本项目，我们进行了不同绿地气候的检测，梳理了科学探究过程，完成了观察记录，想要形成优秀的研究报告，可参考下面的样例。

研究报告样例

长在桃树上的"灵芝"——校园里的"神秘生物"研究

1. 问题的提出

上学期，我和同学们意外发现校园里有一棵桃树的树干上长着一些奇特的生物——看上去像层层叠叠的贝壳。老师推测它们可能是某种灵芝，但不能确定。为了查明它们的真实身份，我在互联网上查了许多关于大型真菌的知识，并在老师的鼓励和指导下，在暑期开展了一项关于大型真菌的科学研究。

2. 研究方法

文献查阅、博物馆实地调查、动手设计实验验证等。

3. 研究过程

研究过程见表2-5。

表 2-5

序号	研究阶段	时间	地点	主要内容
1	资料查阅	7月	家中	查阅关于大型真菌的资料，比较"神秘生物"和"灵芝"外观上的相同和不同之处
2	实地观察	8~9月	学校	在校园里进一步观察"神秘生物"的生长环境和外观特征，并拍照记录
3	标本采集和鉴定	9~10月	家中和学校	在校园里收集大型真菌的标本，进一步观察，并鉴定"神秘生物"的身份
4	资料查阅和分析	10月	家中和学校	了解"神秘生物"适宜的生长环境，分析它长在桃树上的原因；了解它对环境的作用和对人类的价值
5	撰写论文	11月	家中和学校	在老师的指导下，完成论文撰写

4. 研究结果

（1）桃树上的"神秘生物"最有可能是一种名为"云芝"的大型真菌。它在生物学里的分类是：多孔菌科栓菌属。

（2）木腐性真菌如云芝，能够分解枯死植物，对维持自然界物质循环、生态平衡有重要的作用。

5. 研究结论与收获

在研究大型真菌的过程中，我对大型真菌的各种特性都有了深入了解，并通过自己的不断学习和实践调查，消除了心中的疑惑。同时也认识到：在没有一定量的知识储备时，很容易犯认知上的错误，比如一开始大家都认为这个"神秘生物"是灵芝的真菌，其实并不是灵芝。

6. 致谢

感谢××老师赠送我一本超级实用的工具书——《蘑菇大百科》，助力我完成了大部分真菌的鉴别。

7. 参考资料

[1] 莱瑟斯.蘑菇大百科[M].郝艳佳，译.长沙：湖南科技出版社，2020：15-30.

[2] 罗新昌，陈士瑜.中国菇业大典[M].北京：清华大学出版社，2010：36-48.

评价反思与改进优化

在对校园绿地小气候的研究和评价过程中，相信你已经对育英学校的校园环境有了进一步的认识。请你对照表2-6对自己学习的情况进行评价与反思，以便日后改进。相同的方法还可以应用到你所居住的小区、家附近的公园，接下来，你可以对这些场地小气候继续进行研究。

表 2-6

评价内容	评价标准	分值	评分
不同植被配置模式小气候调查	观察内容全面，调查的指标描述和测量准确，表现形式规范	5分	
研究过程	能够合理地控制变量、设置正确的对照组和实验组；能够选择合适的检测指标对实验结果进行评价	5分	
结果分析	对数据进行细致、全面的处理，能够对结果以图表等形式进行分析	5分	
结论建议	论证严谨，逻辑性强，论据充分；有明确的研究结论或阶段性结论；若为阶段性结论，说明了今后的研究方向	5分	
整体评价	研究态度认真，能够呈现完整的研究过程；对提供帮助的人有致谢的意识；附参考文献或网址目录	5分	
小组分工合作	每个成员都有明确分工，并且高效完成任务，同组成员合作融洽，更加团结	5分	
总分			
优化改进			
我在本项目中学到了			
有一些地方做得不好，我的遗憾			
如果重来一次，我想			

项目 3 "育英"山楂

走进情境，融入角色 >>>

碧叶藏红果，累累朴无华。风舞翩翩时，喜看满树挂。霜降后，天气渐渐转凉，校园换上了多彩的新装，山楂果儿们也早早穿上了鲜艳的衣裳，压满枝头，静待丰收节的到来。一串串红艳艳的硕果在绿叶映衬下缀满枝头，如图3-1所示。一阵阵酸酸甜甜的清香伴随着微风扑面而来，引得好多同学每天都会忍不住来看山楂好几回。在采摘山楂的过程中，同学们亲力亲为，有的捡山楂，有的打山楂，有的接掉落的山楂，有的将山楂装袋，有的用小秤称山楂，整个活动在同学们和老师们的欢声笑语中井然有序地进行着。同学们体验了劳动和分享的快乐之后，品尝山楂美食的乐趣提上日程。

图 3-1

在此项目中，你需要迎接的挑战是：

山楂果实的结构是什么样的？如何将山楂果实加工成山楂糕、酸酸甜甜的山楂酱和甜甜脆脆的糖葫芦呢？吃不完的冰爽可口的山楂果冻如何保存呢？

表现性任务 >>>

⭐1 任务类型
研究展示成果，食品制作。

⭐2 涉及学科
生物学、化学、数学。

⭐3 任务复杂程度
★★

⭐4 科学素养特色培养
通过制作"育英"山楂果冻，培养学生自主学习和科学探究的能力。学生在研究如何储藏采摘的山楂的真实情境中，应用认知过程处理和解决问题，与团队成员有效沟通，培养科学思维，发展实践能力。

学习目标 >>>

⭐1 科学概念
通过"育英"山楂果冻保质保鲜秘诀的研究，能够知道果实的结构；能够了解微生物在自然界广泛存在，它与我们的生产、生活密切相关；能够知道食品保质保鲜的基本原理等科学知识。

⭐2 思维方法
经历"育英"山楂果冻保质保鲜秘诀的研究，运用科学探究的多种研究方法，能够重点掌握观察法、实验法。

⭐3 探究能力
通过对"育英"山楂果冻保质保鲜秘诀的研究，经历科学探究的一般过程，能够针对老师提出的可探究的问题做出自己的假设；能够在老师的指导下制订计划、小组合作实施计划；能够表达和交流自己的探究结果。

⭐4 态度责任
在探究过程中，认识到人类探索微小世界的成果促进了科学技术的发展、社会的进步和人类生活的改善。

任务1　制作"育英"山楂果冻

活动1：观察山楂果实的形态结构

让我们一起来看看酸酸甜甜的山楂果实里面有什么秘密吧。

探究实践，获取证据

（1）将山楂果实轻轻切开，观察山楂果实的特征。（注意安全哦！）
（2）观察果实的结构，数数果实中有多少颗种子。
（3）请你观察山楂果实的内部结构，将观察结果记录下来。（注意种子的数量）

活动2：制订实验设计方案

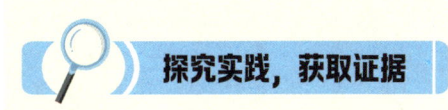

探究实践，获取证据

冰爽润滑的果冻是同学们的最爱，在山楂树广场采摘的山楂，能不能制作出山楂果冻呢？怎么保质保鲜呢？一起来展开我们的探究。

1. 提出可探究的问题

山楂果冻如何保质保鲜？

2.做出假设

具体到某一个因素，可以为后续的研究提供清晰的思路。防腐剂、抗氧化剂对山楂果冻保质保鲜有影响。

观察到的现象是我们预测的基础。建立在已有知识和经验的基础之上，对观察结果的可能性解释或某个科学问题的可能答案，就是科学探究中做出假设的过程。

3.设计实验方案

确定实验题目和实验材料，以小组为单位设计实验，设计完成之后讨论交流，得出最佳实验方案。按照实验方案进行实验。

提出问题：山楂果冻如何保质保鲜？

做出假设：防腐剂、抗氧化剂对山楂果冻保质保鲜有影响。

开始实验之前，首先回答如下问题：

①在实验中会有哪些因素对山楂果冻保质保鲜有影响？

回答：氧化反应、微生物繁殖、温度等。

②如何保证实验结果的不同只能是由你确定的变量（抗氧化剂或者防腐剂）引起的？

回答：采用对照实验，可以保证除了所研究的因素不同之外，其他因素都相同，这样实验结果的不同只能是由单一变量引起的。

4.整理数据

将记录的数据按统一的格式填入表格中，取全班同学实验结果的平均值。

5.得出结论

防腐剂、抗氧化剂对山楂果冻保质保鲜有影响。

6.讨论交流应注意的问题

活动3：制作山楂果冻

探究实践，获取证据

温馨提示：实验设计三大原则（单一变量原则、对照原则、重复性原则）。

实验步骤：

①洗净山楂果肉分别放置。

②锅内加2000mL水，煮开后加120g白砂糖，200g白凉粉加水搅拌溶解后倒入锅内，不断搅拌、煮开，然后放入果肉，关火。就得到2000mL约为2kg的未凝固的山楂果冻溶液。

③准备4个700mL的容器，每个容器计划倒入500mL约为0.5kg的未凝固的山楂果冻溶液。参照"山梨酸钾的用量标准"，果冻的山梨酸钾用量为0.5g/kg；参照"D-异抗坏血酸钠使用方法及用量"，梨罐头的D-异抗坏血酸钠用量为500mg/L。

水的密度为$1g/cm^3$，则1kg水的体积为1 L。

1号容器加入防腐剂山梨酸钾0.25g。

2号容器加入抗氧化剂D-异抗坏血酸钠0.25g。

3号容器加入山梨酸钾0.25g，同时加入D-异抗坏血酸钠0.25g。

4号容器不添加任何添加剂。

④在无菌塑料培养皿中倒入煮好的果冻溶液，搅拌均匀，静置变凉后凝固成山楂果冻。

⑤室温保存。

可以尝试将方案写下来，或画出实验示意图。

按照实验方案，开始制作山楂果冻，请将对不同样品的不同处理方法记录在表3-1中。

表 3-1

样品	山梨酸钾	D-异抗坏血酸钠
样品1		
样品2		
样品3		
样品4		

知识链接

防腐剂——山梨酸钾

山梨酸钾的防腐机理是破坏微生物酶系统，从而实现抑制微生物繁殖的目的。山梨酸钾可以有效抑制霉菌、酵母菌和好氧性细菌的活性，从而有效延长加工食品的保存时间，并保持原有食品的风味儿，是被政府批准使用的较为安全高效的食品防腐剂。

抗氧化剂——D-异抗坏血酸钠

D-异抗坏血酸钠，又名赤藻糖酸钠，是一种新型生物型食品抗氧、防腐、保鲜助色剂。能防止腌制品中致癌物质——亚硝胺的形成，根除食品饮料的变色、异味和混浊等不良现象。D-异抗坏血酸钠也是一种很强的还原剂，其作用机制是捕捉氧气，减少食品中氧化物的形成，防止色、香、味的退变。现在广泛用于肉类、鱼类、蔬菜、水果、酒类、饮料及罐头食品的防腐、保鲜和助色。

任务 2　分析"育英"山楂果冻保鲜的秘诀

活动 1：观察和统计经过不同处理的山楂果冻变色、变质现象

我们对山楂果冻进行了不同的处理，接下来需要我们观察经过不同处理的样品发生了哪些变化。

探究实践，获取证据

针对不同果冻样品，对其变色、变质情况持续观察，将观察结果记录在表3-2中。

表 3-2

样品	月　日	月　日	月　日
样品1			
样品2			
样品3			
样品4			

活动2：分析"育英"山楂果冻保鲜的秘诀

针对果冻变色、变质情况，我们经过了持续的观察和记录。接下来请将实验结果在全班进行分享，总结实验注意事项，梳理科学探究的一般过程，得出实验结论。

有理有据，敢于表达

在观察和统计经过不同处理的山楂果冻变色、变质的现象时，你都有哪些发现呢？

预期成果

制作山楂美食，合理储藏。展示成果，可以参考表3-3，建议利用PPT等多媒体方式进行展示。

表 3-3

山楂美食展示照片
山楂美食背后的科学知识简介

评价反思与改进优化

从山楂果冻变质变色的现象中,我们学会对现象进行持续的观察和记录,并对实验结果进行统计分析,最终我们找到了果冻保质保鲜的秘密。请你对照表3-4对自己学习的情况进行评价与反思,以便日后改进。

表 3-4

评价内容	评价标准	分值	评分
实验设计	变量单一；设置对照；有重复实验	5分	
观察记录	观察仔细，记录全面，不丢失或者随意更改	5分	
结果分析	对数据进行细致的处理，能够对结果以图表等形式进行分析	5分	
实验结论	（1）论证严谨，逻辑性强，论据充分 （2）明确的研究结论或阶段性结论	5分	
整体评价	（1）研究态度认真，能够呈现完整的研究过程 （2）对提供帮助的人有致谢的意识 （3）附参考文献或网址目录	5分	
小组分工合作	每个成员都有明确分工，并且高效完成任务，同组成员合作融洽，更加团结	5分	
总分			

优化改进	
我在本项目中学到了	
有一些地方做得不好，我的遗憾	
如果重来一次，我想	

项目 4 设计制作摘果器

走进情境，融入角色

《史记》有云："春生，夏长，秋收，冬藏。"冬季，我们将迎来霜降节气。霜降不摘柿，硬柿变软柿。霜降前后是柿子的成熟期，也是摘柿子的最佳时间。如图 4-1 所看到的情境那样，小学操场边的柿子树硕果累累，同学们将迎来喜庆的"柿子节"。但是，柿子树比较高，低年级的学弟学妹们无法直接摘到果实。智慧的学长学姐们，快来帮帮他们吧！

图 4-1

在此项目中，你需要迎接的挑战是：

设计一个安全且高效的工具，充分考虑使用者的身高、劳动强度、果树高度等个性化信息，完成摘果器的设计图。为这个工具书写一封推荐信或说明书，解释这个工具是否符合发明要求。

表现性任务

1. 任务类型

实物模型制作。

2. 涉及学科

生物学、化学、数学。

3. 任务复杂程度

★★★

4. 科学素养特色培养

加强学科关联，综合化实施，强调实践。包含跨学科主题设计五要素：问题、目标、任务、资源、评价。学生掌握核心素养中的科学概念、形成科学思维、养成探究实践的习惯、强化态度和责任。学会求知，学会做事，与他人共处，获得发展。

学习目标

1. 科学概念

了解物理学与工程实践中的杠杆、力学等知识，劳动技术中的直线和曲线、木工、切割等知识，数学中的相似三角形、三角函数中的正切函数等知识，生物学中的生物体的结构层次等知识。联系语文中的创意表达，化学中的保鲜与储存等开展主题活动。学生分析模式、结构与功能、尺度、比例数量、因果等跨学科概念。

2. 思维方法

通过探索，学生在真实情景中综合运用知识，采用观察法、调查法、发明法等解决问题。本项目重在发明法的学习和实践，训练学生的批判性思维和创造性思维，提高解决问题的能力。

3. 探究能力

设计采摘工具，帮助学生自助采摘，并每年传承改进。主题来自学生的经验，学生经历项目拆解、设计、制作、展示评价等过程。培养在真实情景中综合运用知识解决问题的能力，发展语言素养、数学素养、科学与工程素养。

4. 态度责任

在设计、制作、迭代的过程中，感悟理性思考、批判质疑、勇于探究的科学精神，乐学善学、勤于反思，增强信息意识、劳动意识，乐于创新。

项目 4 | 设计制作摘果器

任务 1　调查柿子采摘过程中的困难

活动1：项目启动

生活中我们见到的柿子树一般有多高？它的果实是怎样生长的？请你参考图4-2来拆解任务，形成想要研究的问题，熟悉项目要求和预计成果，完成表4-1。

	目标系统	问题系统	任务系统	活动系统	评价系统	成果
设计制作摘果器	项目规划、观察法、合作、数学建模、数学运算	问题1：柿子采摘过程中有哪些困难？（1周）	任务1：明确任务，调查柿子采摘过程中的困难	发现问题、知识构建、预测高度、调研访谈	GRASPS、KWL量表	概念图、任务单
	调查法、科学思维、创新设计、图样表达	问题2：如何设计柿子摘果器？（2周）	任务2：学习发明法，设计并改进工具	绘制草图、评价及改进、择优选择	设计图评价量规	设计图
	发明法、计算思维、工程思维、物化能力	问题3：如何制作柿子摘果器？（1周）	任务3：汇报发明成果、产品试用	知识构建、自选材料、制作完成	摘果器制作评价量规	摘果器
	论证解释、演讲与表达	问题4：如何展示、评价与优化柿子摘果器？（1周）	任务4：展示、评价与优化柿子摘果器	试用改进、修订评价、解释说明、汇报展示	项目总体量规	推荐信

图　4-2

表　4-1

K	W	L
What I Know 我已经知道什么	What I Want to Know 我还想知道什么	What I Have Learned 我已经学到了什么

活动2：校园调查

找一找

柿子树长在校园里什么位置呢？请你进行简单描述。一共有多少棵柿子树呢？哪棵树最丰收呢？（请思考丰收的定义）

思考？

枝的生长离不开分生组织的分裂与分化，该结构会继续形成其他的组织，如保护组织、营养组织、机械组织、输导组织等。如果把柿子树结果的枝的尖端剪去，它还能继续生长吗？请写出你的推理过程。

想一想

果农最希望保留什么样的树枝？为什么？

查一查

柿子一般在几月份开花结果？柿子是被子植物吗？请描述柿子的一生（生活史）。

探究实践，获取证据

（1）调查校园里有哪些果树？参考图4-3，比较校园里不同水果的着生方式。

图 4-3

我们校园里的果树有：

（2）请画一画果实的柄，注意体现柄的粗细、长短、形状、韧度等。

项目4 | 设计制作摘果器

知识链接

我国是柿子的故乡。柿子树一般在嫁接后10~12年进入盛果期，寿命可达百年以上。柿子树有3种花，即雌花、雄花和两性花。雌花为子房上位，由子房、退化雄蕊、花瓣、萼片构成。子房由4~6个心皮组成，肥大后成为果实。萼片大、宿存，成熟后成为柿蒂。雄花大小仅为雌花的1/5~1/3，不结果。两性花结实率低，果实发育不良，所结果实仅有雌花所结果实的1/3，如陕西的五花柿和河南的什样锦柿。

柿子树着生花芽的枝条称结果母枝。强壮结果枝开花数多，结实力也强，果实个大，而弱结果枝则相反。故培养强壮的结果母枝是增产的关键之一。

果枝的结实力还与发生果枝的芽位有关。一般以顶花芽（伪顶芽）抽生的结果枝生长势强，结实力也强。其下的侧芽所生结果枝依次减弱。因此，柿子树应尽量保留结果母枝的顶芽。

摘果器的使用需要考虑对树枝的影响，阅读资料之后，你有什么具体的采摘建议？请根据以上文献资料论证解释。

任务 2　　设计摘果器

活动 1：柿子树有多高

我校柿子树的高度最高是＿＿＿＿＿米，摘果器伸缩杆的最长需要多少米？请写出你的推导过程。

知识链接　　如果你没有太好的思路，可以看看他人的研究，拓展阅读，参考学习一下别人的经验。

如何测量楼的高度
韩志正

参考我国2020年测量珠穆朗玛峰的方法，我做了一个类似于在地面上的那个激光接收器的东西（自制量角器），如图4-4所示。

激光接收器的功能主要是计算测算点与山顶的距离以及夹角，我的自制量角器采用的方法则是量出测量点与楼顶和地面垂直点的直线距离和夹角。可以通过创建相似三角形或使用三角函数中的正切函数去计算。

图 4-4

使用相似三角形的方法就是把底的长度缩小到可以画在纸上，然后通过三角形的顶点和一边画出这个三角形。

第一版自制量角器的主要结构是采用激光笔，做出类似大炮的结构，然后把激光点对准房顶，测量角度，经测验，角度十分准确。

实验效果评论：第一代自制量角器的主要优点是"快、准"，只要你看得见红点就可以。但缺点也很明显，在阴雨天人的视力会下降，经常会看不见红点，而且还有一定的危险。据调查显示，有94.12%的人不愿意使用会伤害眼睛的仪器或玩具，所以第一版淘汰了。

第二版自制量角器创新采用了目测法，基本结构和原理与第一版基本相似，并加入了类似于潜望镜的装置，通过反射，我们可以更轻松地观察。

第二版的设计图如图4-5所示。

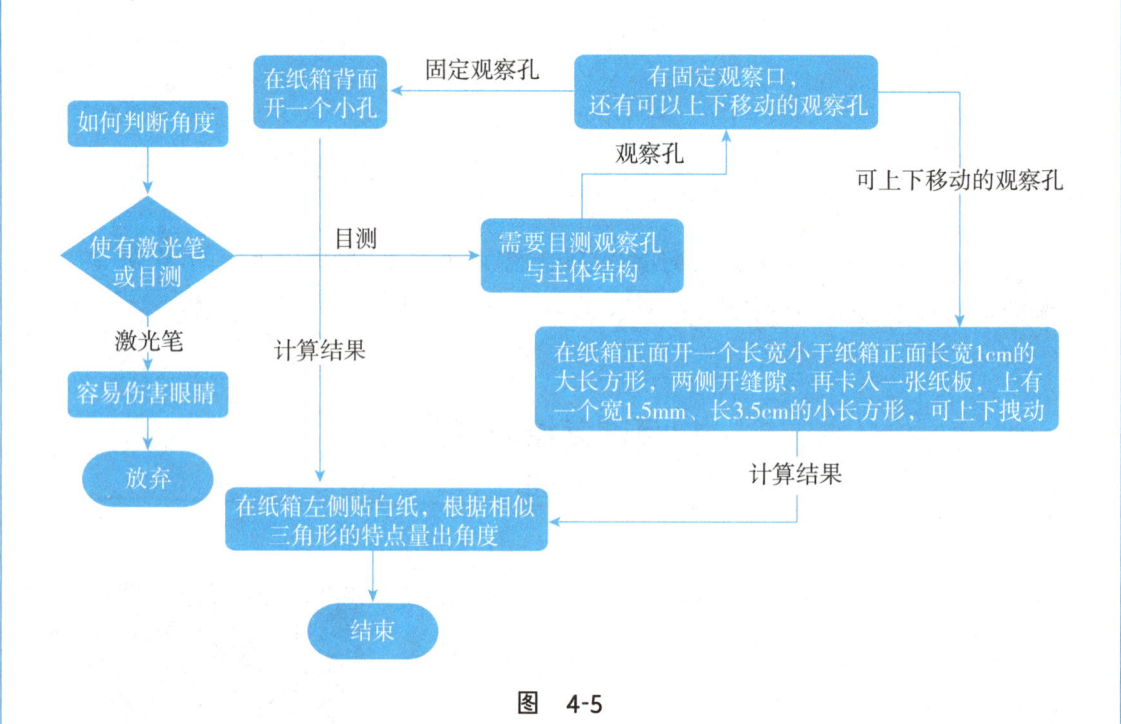

图 4-5

优点：通过目测，天气的影响会相对减少，而且可以看得更远；缺点：难以调节角度，不好架设。

第三版量角器，如图4-6所示，共分为2个部分，一个是观察区，一个是调整区。量角器总体使用一个快递盒制成。观察区是一条长3cm、宽1.5mm的缝隙，调整区设在快递盒卡扣处，在较硬、较薄的纸板（在后文中称调整纸板）中心也开一条长3cm、宽1.5mm的缝隙，把调整纸板的宽度调整成能在卡扣中

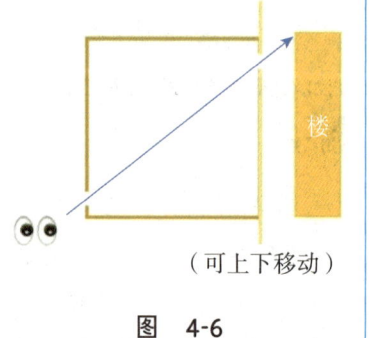

（可上下移动）

图 4-6

间上下移动即可,量角器主体盒子侧面有量角器图案,以便测量。

　　优点:角度调整十分流畅,而且便携;缺点:无法像第二版那样反射测量,所以测量时一定得找个平台测量(手端着也行,就是精度不太好)。

　　最终,我采用的是第三版自制量角器。测量结果是:底25.5m,测量台高1.76m,测量角度36°。计算时,我先创造一个虚拟三角形,用自制量角器所量出的角度,作出一个与其相似的三角形或采用三角函数中的正切函数去计算。因为相似三角形对应边长的比相同,我们可以固定底为5.1cm,缩小了500倍,画完图后得出高为4.2cm,4.2×500=2100(cm)=21(m)。或者利用正切函数,tan36°约等于0.76,然后tan36°×25.5≈19.38(m)。最后取平均数约为20.2m。

测一测

　　了解了这位同学测量楼的高度的方法,你又想到了哪些方法?尝试测一测吧!请写出实验方法、测量过程和结果。"失之毫厘,差之千里",数据一定要严谨可靠哦!

活动2:市场调研

　　秋天到了,树叶黄了,柿子也黄了。树叶的黄是凋零,而柿子的黄则象征着成熟。每年十月份,育英学校小学操场北侧金黄的柿子煞是好看。柿子香甜爽口,营养价值丰富,有清热润肺等功效。柿子象征万事(柿)如意,柿子树有吉祥的寓意。

　　成熟的柿子汁水丰富,果肉甘甜细腻,非常柔软。所以,为了保证柿子从树上摘下来后能顺利地分到同学和老师们手里,同学们需要在柿子还未完全成熟时就将其从树上摘下来。

如何设计一款摘果器？市场上有很多相关产品，如图4-7所示，请你先调研一下市场产品吧！

读一读

卖点一：多功能设计

这款摘果神器具有多种功能，不仅可以用来采摘水果，还可以用来更换灯泡等高处操作。它配备了可伸缩杆，让你能够轻松够到高处的水果，无须使用梯子或攀爬危险的树木，确保了采摘的安全和便捷。

图 4-7

卖点二：广泛适用

不仅适用于采摘苹果和柿子等水果，还可以用来采摘荔枝、樱桃等水果。这款摘果神器的多功能设计让它成为户外采摘的得力助手，不管是在果园、农田还是自家后院，都能轻松胜任。

卖点三：质量可靠

这款产品的销量已经达到3.6万件，足以证明其质量和性能得到了广大用户的认可。它采用高质量的材料制造而成，结构坚固耐用，能够承受一定的重量，不易变形，确保了长时间的使用寿命。

卖点四：贴心售后

购买这款摘果神器后，如果在使用过程中遇到任何问题，不用担心，因为它提供了七天无理由退换货的售后服务，并且退货时包运费，让你的购物更加放心。

写一写

你需要为自己的摘果器发明写推荐信或说明书，以上案例对你有何借鉴？请你归纳概括至少3条宣传经验。

活动3：绘制设计草图

设计草图时，我们需要借助一些创新技法。常见的创新技法是"和田十二法"，它包括：加一加、减一减、扩一扩、变一变、改一改、缩一缩、联一联、学一学、代一代、搬一搬、反一反、定一定。

画一画　　请你运用头脑风暴法（brain storm）或者和田十二法，思考如何设计摘果器。为了实现摘果器的稳定性、安全性和灵活性，它应该包括哪些结构？

我的设计图：

活动4：设计图的评价及改进

有理有据，敢于表达

依据头脑风暴法或和田十二法，我们设计了摘果器的初稿，请参考表4-2对目前的设计图提出改进建议。

有理有据，敢于表达

表 4-2

评价内容	评价标准 A（优秀）	评价标准 B（良好）	评价标准 C（合格）	学生自评	小组互评	教师评价
画结构图	画出结构图，详细表明支点、长度、材料	画出结构图，并做出简单表示	只画出草图			
组内合作	分工合理，合作顺畅，任务单完成，内容翔实	所有组员都参与，但分工不明确，任务单基本完成	由少数组员完成所有工作，任务单未完成			
总评						

活动 5：分工制作

有理有据，敢于表达

你们组最终选择的设计图是怎样的？设计的优点是：

在制作摘果器的过程中，你的分工是：

> **知识链接**

发明法案例赏析

阅读下面的科学探究文章(选自"思与索实践展示空间"公众号,作者:贾咏霖),用下划线的方式把发明创新的全部要素标注出来,并用表格的方式重新表达。

给我一个支点,我要翘起整个地球
贾咏霖

杆秤是中国最古老也是现今人们仍然在使用的衡量工具,是中国独立发明的传统衡器。杆秤最主要的特征就在于携带方便,它由秤杆、秤砣、秤盘三个部分组成,过去生意人带上一个杆秤,待买卖来时随手一握秤杆,挂好秤砣,拴好秤盘,架势搭上之后生意也就做成了。

1. 查阅资料了解杆秤的工作原理

杆秤利用的是杠杆平衡原理,如图4-8所示。即,在水平状态下,支点前后的"阻力(F_2)×阻力臂(L_2)=动力(F_1)×动力臂(L_1)"对于杆秤就是"秤盘中的重量×秤盘到提点的距离=秤砣的重量×平衡点到提点的距离"。

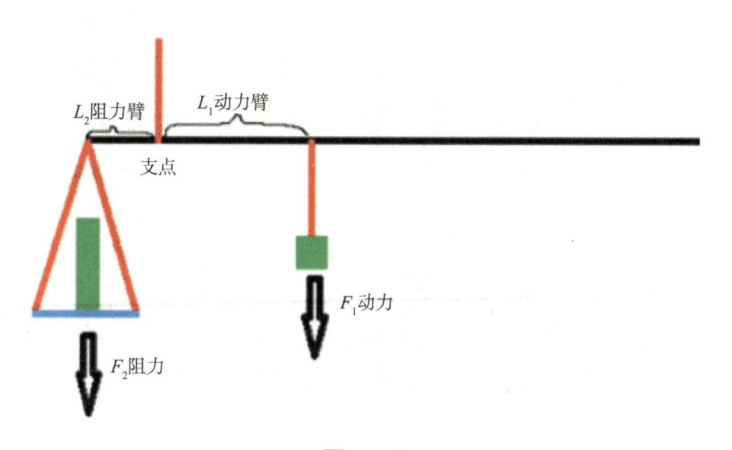

图 4-8

杆秤由带有秤星的木质秤杆、秤盘、金属秤砣以及提绳组成。称重时,把需要称重的物品放在秤盘上,一只手提着提绳,一只手拨动秤绳,使秤砣与砣绳在秤杆上移动以保持平衡。根据平衡时绳所对应的秤杆上的星点,即可读出被称物品的质量。

2. 确定杆秤的量程

参考一把中等大小的杆秤，假设杆秤上的提点到秤盘的距离（L_2）是5cm，提点到秤砣的距离（L_1）是5～40cm，此时有一个200g的秤砣。

那么，根据杠杆平衡公式：$F_1 \times L_1 = F_2 \times L_2$，可得$F_2 = (F_1 \times L_1) \div L_2$，这个杆秤的量程就是$200 \times 5 \div 5 = 200$（g）到$200 \times 40 \div 5 = 1600$（g）。

如果我们想让这个杆秤的量程变大，而秤杆长度不变。我们就要增加秤砣的重量。从理论上说，只要制造杆秤的材料足够结实，结构如此简单的一种衡量工具，它的量程上限可以大到超出你的想象。

3. 杆秤实验和数据分析

通过实验，实际验证一下我自制的杆秤的量程数据。如图4-9所示，我先测量了杆秤的阻力臂长度和秤盘的自重，测出阻力臂长1.3cm，秤盘自重26g。然后，我用电子秤测出了一个砝码的重量为10g。用2个砝码的组合，分别对不同的重物进行测量，并和电子秤作比较，对比测量差异，估计误差和精度，得到自制杆秤的量程。

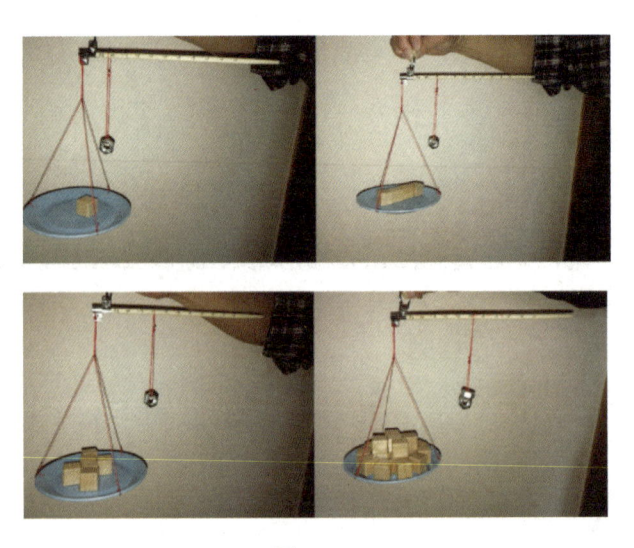

图 4-9

4. 结论与讨论

在这次实验中，我发现我自制的杆秤存在一定的误差，我认为有以下几点原因：用来称量的木块重量有差异；秤杆太短了，L_1动力臂的刻度不够精确；称重时秤杆会晃动，难以保持水平；提点与秤杆的摩擦系数大，灵敏度不够。

针对这些缺点,我想到了几个改进办法:把秤杆加长,增加刻度间的距离;在秤杆上不影响平衡的位置装一个水平仪,更清楚地看到秤杆的平衡;定期在提点与秤杆的摩擦点涂少量的润滑油,以减少提点与秤杆的摩擦力。

杆秤并没有复杂的机械结构,而是直接运用了杠杆原理,实现了较高的精度,足以满足日常生活所需,但是它也有局限性。比如精度不足以用来做科学研究,还经常受到量程限制,容易变形甚至折断等。现代常见的精密测重工具有电子秤、磅秤、天平等。

5. 杠杆原理的其他应用

在日常生活中,杠杆原理经常被用来称量,如上文中提到的杆秤。还有机械结构中的省力结构,比如撬棒以及扳手。但是杠杆并不都是用来实现测量和省力的结构,有时候力量不是问题,人们想得到的是更大的位移。这时可以利用杠杆原理的几何特性,来实现一些"费力"的结构,从而用一个小的位移得到一个大的位移。比如挖掘机的液压传动系统。

还有拍电影用的摄像机摇臂,如图4-10所示。假设摄影师控制的点到支点的距离是一米,摄像机到支点的距离是五米,那么,控制把的位移距离:摄像机的位移距离,化简后就是1:5。具体数据(单位:cm)如图4-11所示。

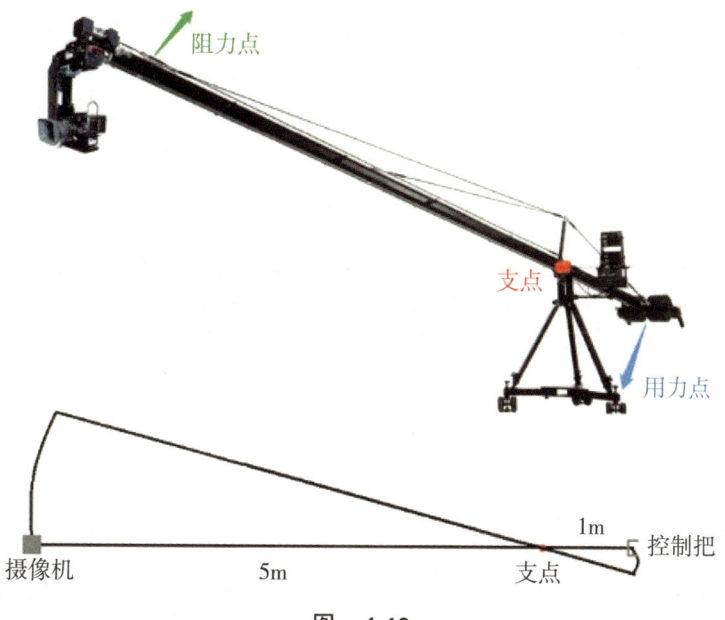

图 4-10

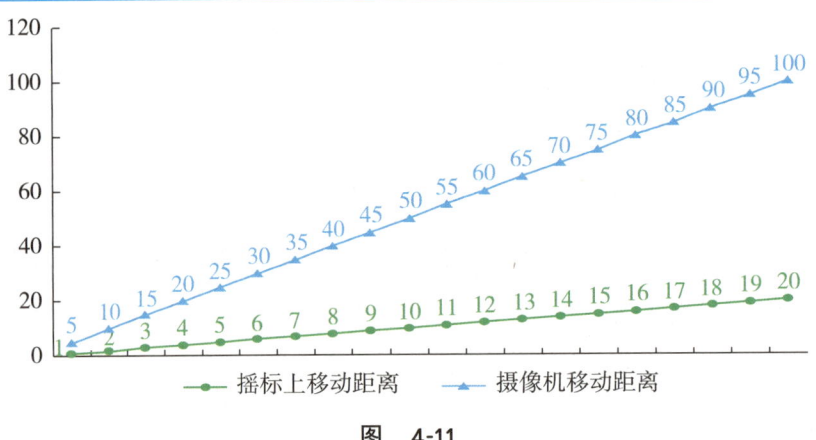

图 4-11

6. 总结与收获

这次对杆秤原理的研究,让我收获很大。我通过理论计算和实验分析进行了论证,由此深刻理解了其背后的杠杆平衡原理。并且我还拓展了思路,了解了杠杆原理的其他应用。但是在现实生活和科学研究中,杆秤原理的应用应该还有很多,远不止于此。人们还用杠杆原理造出了更复杂和精密的结构,这引起了我极大的兴趣,等待着我去发现和探究。

任务3 产品试用

活动1:选择材料和工具

有理有据,敢于表达

请你参考表4-3,按照你们的设计图,梳理一下制作摘果器所需要的材料和工具有哪些?

有理有据，敢于表达

表 4-3

K	W	L
What I Know 我已经知道什么	What I Want to Know 我还想知道什么	What I Have Learned 我已经学到了什么
1. 2. 3.	1. 2. 3.	1. 2. 3.

活动 2：变废为宝

找一找

制作摘果器所需要的一些材料和工具可能不太好找到，比如有的同学希望用激光采摘或智能控制。请从身边简易的材料入手，比如，矿泉水瓶、剪刀、小刀具、网兜等，自选生活中的材料，务必注意安全，用这些材料作为替代品，制作一个既安全可行又实用的摘果器吧！

活动 3：劳动技术学习

有理有据，敢于表达

请你参考表4-4，梳理关于制作摘果器，除了你已经知道的劳动技术知识，你还需要知道哪些知识和经验？

有理有据，敢于表达

表 4-4

K	W	L
What I Know 我已经知道什么	What I Want to Know 我还想知道什么	What I Have Learned 我已经学到了什么
1. 直线、曲线、锯割方法，杠杆、滑轮等简单机械 2. 3.	1. 2. 3.	1. 2. 3.

活动 4：组建摘果器

做一做

请你依据制作要求，完成摘果器零部件制作。

任务 4 展示、评价与优化柿子摘果器

活动 1：采摘比赛

议一议

摘果器组装好后，制订采摘规则吧！讨论并确定对摘果器成品如何进行评

价。比如，每组3次机会，高处的果实有加分等。先讨论，把讨论的情况填写在表4-5中。

表 4-5

评价内容	评价标准	个人自评	同学评价	教师评价
综合	个人自评：			
	同学评价：			
	教师评价：			

注：评价等级分A、B、C、D四级，各等级指标分别为：A——三项指标全部合格，B——两项指标合格，C——仅一项指标合格，D——未达标。

活动2：组装试用

请思考本组整体设计思路是否符合科学原理和规律，针对目标人群有无个性化设计，设计图是否有逻辑性和层次，排版布局、色彩搭配是否合理且具有一定的美感。调试一下，你们的摘果器能够实现特定果实的采摘功能吗？

有理有据，敢于表达

（1）你们组在解决问题的过程中，谁的贡献最大？为什么？

有理有据，敢于表达

（2）你们组成功地完成了任务，能详细介绍一下你们的设计原理吗？

（3）你们组有没有从其他组借鉴一些做法？借鉴了什么？为什么？

（4）你们组设计的装置如何修改或优化？

（5）如果你们组没有完成任务，原因是什么？如果让你们再做一次，会有哪些改变？

来一场采摘大赛吧！

活动 3：测试评价，推荐产品

充分考虑果型、果实完整度、可行性，结合摘果器制作评价表4-6完成评价。

我们的摘果器设计图自评_____分。

表 4-6　摘果器制作评价量规

评价内容	评价标准 1分	评价标准 2分	评价标准 3分	评分
记录单完成情况	工作单书写简单，有遗漏	工作单填写完整	工作单填写详细，内容充实，有充分思考	
装置设计原理表述	表述含混不清	能够进行基本的口头表述	能清楚地进行口头和文字表述	
设计图	仅有草图	有较为明确的示意图	有明确标记了数字的设计图	
任务完成情况	未全部完成任务	完成任务	完成任务且速度最快	
组内分工合作	没有分工，由少数组员完成所有工作	所有组员都参与，但分工不是很明确	分工合理，合作顺畅	
采摘效率	单位时间采摘数量最低的两组	其余组	单位时间采摘数量最多的两组	
展示	只展示成品或设计图	展示成品并配上简单的原理说明	展示成品并配上详细的原理说明	

写一封摘果器推荐信，向同学和老师汇报发明成果。

你们已经试用过自己的发明，现在需要真正面向大众招募使用者啦！请在下面写一封推荐信吧！

预期成果

（1）我们以小组为单位，成员分工合作对学校柿子树进行调查，尝试运用发明法制作了摘果器。

（2）为了能找到受众，学生们的口头成果展示包括：向受众宣讲，口头讲述设计原则、做法和好处。

（3）书面成果展示包括：摘果器设计图及推荐信。

对于手工制作的摘果器实物产品，你可以拍照，记录你的摘果器，并在表4-7中记录采摘过程中它的表现，以及你的感受。

表 4-7

_____摘果器产品推介

产品名称	产品特点	面向人群	推荐语

实物照片

评价反思与改进优化

本项目中对摘果器的设计与制作，把我们的视野引入对校园环境中果树的观察。我们不仅学习了生物学的知识，还把数学、物理、劳动技术等知识也利用上了。如果收集的信息或数据不全，试用效果可能不理想。请你对照表4-8根据自己学习的情况在自评结果中打钩（√），并进行反思，以便日后改进。通过填写这样的表格，你可以更直观地了解自己在摘果器制作课程中的学习情况，为接下来的学习和进步制订更合适的计划。

表 4-8

评价内容	评价标准	自评结果
学习态度与参与度	非常积极，认真听讲并积极参与	
	保持一定兴趣，但缺乏深入思考	
	较为消极，缺乏参与和投入	
理论知识掌握	清晰认识基本原理和分类	
	有一定了解，但需加深记忆	
	掌握不够扎实，需加强学习	
实践操作能力	能够独立完成制作，熟练掌握步骤	
	基本能按要求操作，需提高熟练度	
	遇到较多困难，需加强实践	
团队协作与沟通	积极参与，合作愉快	
	能完成任务，沟通协作有待提高	
	表现不佳，缺乏沟通和协作	
创新与思考	能提出新想法和改进意见	
	能按要求完成，但缺乏独立思考	
	只是机械操作，缺乏思考和创新	

（续）

优化改进	
我在本项目中学到了	
有一些地方做得不好，我的遗憾	
如果重来一次，我想	

项目 5

甜点世界杯

走进情境，融入角色 >>>

作为顶级赛事，"甜点世界杯"备受瞩目。这项比赛每年设置特定的与自然相关的主题，要求各团队必须制作 2 个艺术观赏作品：1 个糖塑艺术作品、1 个巧克力艺术作品，以及完成 3 项作品展示。我校计划开展"甜点世界杯"主题研究大赛，如图 5-1 所示，同学们需要认识糖、了解甜味剂、调查糖的历史，快来参与吧！

图 5-1

在此项目中，你需要迎接的挑战是：

尝试设计糖塑和巧克力作品。

表现性任务 >>>

1 任务类型

食品制作。

2 涉及学科

生物学、化学、地理、数学。

3 任务复杂程度

★★

4 科学素养特色培养

通过实验探究，能够在老师的指导下设计实验，按规划去实施计划、形成产品，学会利用实物、海报等与他人交流自己的结论。

学习目标 >>>

1 科学概念

通过实践，认识到糖类是维持细胞正常生活不可或缺的，理解营养物质的供应需要消化系统发挥正常的消化和吸收功能。

了解主要营养物质包括糖类、脂肪、蛋白质、水、无机盐和维生素等。

明白人体生命活动所需要的能量，主要由糖类提供；贮存在人体内的脂肪是重要的备用能源物质。

2 思维方法

经历探索，运用观察法、调查法、控制变量法、对照实验法；重点掌握实验法。探究麦芽糖制作工艺，做出假设、尝试制订计划，制作麦芽糖。

3 探究能力

通过实践，运用生物学营养类型、物质与能量、因果关系等相关概念，在老师的指导下选择利用技术，制作一种糖类食品。尝试继续提出可探究的问题，在老师的指导下根据数据得出科学结论。

4 态度责任

通过实践，重点加强"物质能量观"的生命观念，在前期科学探究实验的基础上独立实践，进一步了解生物与生活的关系，关注自身和他人的营养，关注社会生活，承担社会责任。

任务 1　　材料我来选

活动 1：初识甜点世界杯

育英学校今年的"甜点世界杯"开始啦！请同学们研究自然界中的调味剂，最终要求各团队必须制作2个艺术观赏作品：1个糖塑艺术作品、1个巧克力艺术作品，以及完成3项作品展示。你知道哪些可以调味的物质呢？请完成表5-1吧！

表 5-1

种类				
来源				
味道				
能量（1~5颗星）				

探究实践，获取证据

（1）物质和能量是生命运行离不开的主题。你能否设计简单的实验，探究哪些物质中含有能量呢？请在表5-2里写出你的实验方案吧！

表 5-2

研究背景（你观察到了什么现象）		
提出问题		
提出假设	实验方案	实验现象
实验结论		

（2）相同质量的糖类、脂肪、蛋白质，谁的能量更多呢？请分步骤清晰列出如何采用观察法和实验法来一探究竟？请你根据文字继续补充完善装置设计图吧！有条件的同学可以在实验室里亲自试一试哦！

例如：

①准备馒头、干面包和牛肉干，用天平测量相同质量的样本，将它们分别穿到解剖针（或铁签）上，准备好酒精灯、铁架台、试管架、温度计和装有等量清水的试管。

②分别点燃馒头、干面包和牛肉干，用其加热试管中的清水，观察温度计的变化。直至使馒头、干面包和牛肉干燃烧为灰烬，比较温度计显示的温度增加的数值。

活动2：认识甜味剂

夏日炎炎让人汗流浃背，来一瓶冰镇饮料就能瞬间"透心凉，心飞扬"。通常一瓶500mL的瓶装饮料，热量高达200～300千卡，含糖量在50g左右，所以，看似诱人的饮料归根结底就是一瓶"糖水"。

随着饮食习惯和生活方式的改变，现在越来越多的人懂得食用过多的糖对身体的坏处，所以在食物的选择上格外注意。于是，各种无糖饮料应运而生，很多人觉得这些标注零卡路里的饮料不含糖，可以放心地喝，那么，无糖饮料真的更健康吗？

常规饮料加入了蔗糖（白砂糖）、果葡糖浆或高果糖、玉米糖浆等，而这些无糖饮料采用的是代糖，加入了阿斯巴甜、甜蜜素、食用糖精、安赛蜜之类的甜味剂。

测一测

零卡路里真的就一点热量也没有吗？无糖饮料热量少，可以随心畅饮吗？请尝试提出自己的问题，设计实验方案。

问题提出：无糖饮料真的不含糖吗？

做出假设：

实验设计：

选择实验材料：

实验步骤：

实验结论：

活动3：制取清洁的淡水

试一试

我们的饮食离不开清洁卫生的水。假如你身处偏远海岛，缺乏生存所需的淡水怎么办？你如何用身边的物品进行"海水淡化"，尝试获取制作甜点所需的更清洁的水源呢？你可以参考图5-2的做法。

> 海水蒸发实验
>
> 实验目的：验证海水蒸发后是否会变成淡水
>
> 实验用具：锅、碗、重物、保鲜膜、水、盐
>
> 实验步骤：
>
> 1. 准备水和盐，调出"海水"
> 2. 准备一个锅和一个碗。将碗放在锅的中间，用来接水
> 3. 将"海水"倒进锅中（注意不要倒进碗里）
> 4. 在锅上盖塑料膜
> 5. 将重物放到塑料膜上，使塑料膜有一段坡度
> 6. 在阳光下晒，让锅中的水蒸发
>
> 实验结果：在碗中收集到了几滴水，水没有盐味

图 5-2

写一写

海水中盐的浓度约是多少？关于本实验，如果你有改进之处，也可以写在表5-3中哦！

写一写

表 5-3

实验任务	模拟海水淡化
实验设计	
实验照片	
实验现象	
实验分析	

任务 2　甜点挑战赛

活动1：麦芽大变身

写一写

（1）请你通过网络图文、视频或者图书资料，查找麦芽糖的制作方法，尝试将麦芽糖的制作方法记录下来吧！

写一写

（2）有同学3天就完成了麦芽糖的熬制，你的麦芽糖制作周期大概是几天？请和其他同学比较分享一下你的经验吧！

活动2：麦芽糖和糖塑艺术

试一试

糖塑以麦芽糖为原料，将糖加热，使其变软，经艺人吹、拉、搓、扯、捏、压、剪等技艺制成，如图5-3所示。你见过哪些令人过目不忘的优秀作品？请分享一下，并尝试制作一下吧！

图 5-3

活动3：制作专属巧克力

试一试

请你选择几块巧克力，将巧克力放入碗中，再将碗放入锅中，体会"水浴加热"的良好控温效果，感受非晶体的熔化和凝固过程。融化后的巧克力液倒入不同形状的模具中，你就可以得到如图5-4所示的自己专属的巧克力啦！

图 5-4

活动4：产品分享

说一说　请你选择最佳的作品展示形式，如实验报告、麦芽糖作品或调查报告等，宣传你的成果吧！

预期成果

（1）以小组为单位，进行"探究麦芽糖的制作要点""麦芽糖糖塑""海水淡化""制作专属巧克力"任务的探究实践。

（2）利用实物、研究报告等与他人交流自己的结论。

请对照表5-4，查看自己的任务完成情况。根据实际情况在对应的自评结果中打钩（√）。

表 5-4

成果产出	类型	自评结果
个人产出	实验报告（半开放选题）	
小组产出	麦芽糖成品 糖塑作品	
成果对外展示形式	设置摊位进行展出，优秀作品开展发布会	
其他	27种项目作品类型（制作类、书面类、展示类、媒体类）	

评价反思与改进优化

本项目中对糖类的认识，把我们的视野引入对生活中常见现象的观察。我们不仅学习了生物学、物理学的知识，还创意制作了麦芽糖糖塑、专属巧克力和清洁淡水，并形成了实验报告。请你对照表5-5对自己学习的情况进行评价与反思，以便日后改进。

表 5-5

评价内容	评价标准			评分
	待努力级（1~2分）	合格级（3~4分）	示范级（5分）	
提出问题的能力	很难从日常生活、生产实际或学习中发现与生物学相关的问题 无法书面或口头表述所发现的问题 无法描述已知科学知识与所发现问题的冲突所在	能够尝试从日常生活、生产实际或学习中发现与生物学相关的问题 能够尝试书面或口头表述这些问题 能够描述已知科学知识与所发现问题的冲突所在	能够经常从日常生活、生产实际或学习中发现与生物学相关的问题 能够准确而凝练地表述这些问题 能够敏锐地发现已知科学知识与所发现问题的冲突所在，并对核心矛盾进行准确描述	
做出假设的能力	无法应用已有知识，对问题的答案提出可能的设想 无法估计某种假设的可检验性	能够应用已有知识，对问题的答案提出可能设想 能够估计假设的可检验性	能够结合文献资料与已有知识，对问题的答案提出可能的设想 能够比较准确地估计假设的可检验性	
制订计划的能力	在教师或同伴的支持下，也很难清楚地拟订探究计划 无法清楚列出所需要的材料与用具 无法选出控制变量 无法设计对照实验	能够在教师或同伴的支持下，拟订探究计划 能够基本清楚地列出所需要的材料与用具 能够选出控制变量 能够设计对照实验	能够独立拟订具有可行性的探究计划 能够清楚地列出所需要的材料与用具 能够准确选出控制变量 能够通过多样的方式设计对照实验	
实施计划的能力	未进行观察、实验 未收集证据、数据，并进行如实记录 在老师或同伴的支持下，也无法评价证据、数据的可靠性	能够进行观察、实验 能够收集证据、数据，并进行记录 能够尝试评价证据、数据的可靠性	能够进行持续而专注的观察与实验 能够收集证据、数据，并有序、如实地进行记录 能够独立评价证据、数据的可靠性，并说出理由	
得出结论的能力	无法描述现象 无法分析和判断证据、数据，不能得出合理的结论	能够描述现象 能够分析和判断证据、数据，并得出合理的结论	能够准确而全面地描述现象 能够从不同角度分析和判断证据、数据，并得出合理的结论	

（续）

评价内容	评价标准			评分
	待努力级（1~2分）	合格级（3~4分）	示范级（5分）	
表达交流的能力	依据教师提供的模板，也无法写出完整的探究报告 无法与同学交流探究过程和结论	能够依据教师提供的模板，写出完整的探究报告 能够与同学交流探究过程和结论	能够独立撰写探究报告，且报告结构合理、内容完整 能够积极主动地与同学交流探究过程和结论，且表述清晰、有条理	
总分				
优化改进				
我在本项目中学到了				
有一些地方做得不好，我的遗憾				
如果重来一次，我想				

这一次你们选择的是哪一项成果？你的最佳成果是否广受欢迎？如果让你再挑战完善其他成果，你将如何优化呢？

项目 6　花生知多少

走进情境，融入角色

图 6-1 展现了花生生长的场景。花生全身都是宝，它为我们提供了花生油、花生酱、花生酥等美味的食物。花生是我国重要的经济作物，在全球粮食危机的大背景下，我们需要了解并掌握花生的特点，提高花生的产量。

图 6-1

在此项目中，你需要迎接的挑战是：

需要认识花生，掌握它的生理特点，形成"花生知多少"科普指南海报，供科学家培育优良品种使用。

表现性任务 >>>

⭐1 任务类型
科学观察报告，科普宣传海报。

⭐2 涉及学科
生物学、数学、化学。

⭐3 任务复杂程度
★★

⭐4 科学素养特色培养
通过探索，能够分析实验现象，合理分析自己的实验结果，完整全面地表达自己的分析，得出自己的实验结论。

学习目标 >>>

⭐1 科学概念
通过对花生的研究，能够知道果实的结构；能够了解食物中的营养物质，认识花生的分类、栽培方式以及应用和储藏方式；能够理解花生与我们的生产、生活密切相关；能够知道种子的结构、营养成分、种子储藏方式等科学知识。

⭐2 思维方法
通过对花生的研究，运用科学探究的多种研究方法，能够重点掌握观察法、实验法。

⭐3 探究能力
通过对花生的研究，经历科学探究的一般过程，能够针对老师提出的可探究问题做出自己的假设；能够在老师的指导下制订计划、小组合作实施计划；能够表达和交流自己的探究结果。

⭐4 态度责任
在探究过程中，认识到人类对自然的探索和改造，促进了科学技术的发展、社会的进步和人类生活的改善。

任务1　剥花生，识结构

写一写

（1）随着"开始"的话音落下，开始剥花生，你会用什么样的方式？比较不同剥花生方式的优劣。如果需要快速脱壳，我们需要借助什么样的工具？请你设计并绘制工具示意图。

（2）请你观察花生的内部结构，将观察结果记录下来（注意种子的数量）。

某位同学在观察记录中写到：为什么是"尖头"发芽？因为种子的"尖头"内有胚。

观察记录：
①泡水后种子的表皮颜色变浅了。
②种子的表皮变得容易脱落。
③种子变大了。
④
⑤

任务2 水培花生，分析现象

活动1：观察花生生长中的现象

观察和统计花生生长中的现象。

试一试

温馨提示：实验设计三大原则为：单一变量原则、对照原则、重复性原则。选择合适的实验材料。

①提出问题：（例如：光会对水培花生的生长有影响吗？）

②做出假设：

③制订计划

　实验变量：

　检测指标：

　材料装置：

　实验步骤：

④实施计划：

⑤预期结果：

⑥得出结论：

⑦表达与交流：

活动2：分析影响水培效果的环境因素

读一读

水培花生生病了，你能给花生幼苗治病吗？

病因猜想有：营养不足、海绵把水吸走了、水不够或没有水、没有阳光，可以总结为营养、水、阳光三个因素。

根据观察到的花生幼苗症状，对照资料找出花生幼苗病症出现的原因。我们发现，病症基本是因为缺少铁肥而引起的，只是程度不一样，导致病症存在差异。

配制铁肥需要用到柠檬酸、硫酸亚铁、烧杯和玻璃棒，注意实验仪器和材料的正确使用，小心谨慎。（柠檬酸：在日常种植活动中，施加铁肥要注意加酸防氧化。）

自然环境中虽存在大量铁，但是，它们几乎都是以 Fe^{3+} 形式存在的，但植物只能吸收 Fe^{2+}，所以植物才会出现缺铁性黄化的症状。而市场上用于增加铁元素的硫酸亚铁一旦遇水就会氧化成 Fe^{3+}，故调制铁肥需要先将柠檬酸加入水中进行酸化，再添加硫酸亚铁，使两者反应生成柠檬酸亚铁溶液。

你的花生苗生长如何？请记录、分析是否需要补充肥料。

任务 3 　花生营养探秘

活动 1：观察与思考

麻屋子，红帐子，里面住着白胖子。"花生"又叫"长生果"。

> **有理有据，敢于表达**
>
> （1）把花生直接种在泥土里，它能不能发芽？花生能在泥土里"翻跟头"吗？
>
>
>
> （2）花生长出来的白色芽是根还是茎？
>
> （3）花生叶子白天展开，晚上合拢吗？
>
> （4）花生耐寒吗？开花要有合适的温度吗？

活动2：花生大变身

在《花生漂流记》这本书里，美国的"花生产业之父"——乔治·华盛顿·卡佛通过做实验的方法发现了花生的上百种用法。

每组的战利品——花生，被本组的"小厨师"带回家，在爸爸妈妈的指导下完成了一道与花生有关的美食。宫保鸡丁、花生牛奶饼、炒花生等，同学们可以将自己完成的美食带到学校和伙伴们进行分享。

花生的吃法可真多！煮花生、盐焗花生、花生糖、花生酱……

你也来做一做吧！

我制作了_____，难度较_____（低/高），我发现了以下技巧：_____。

📖 分享展示

创意实践——花生创意画

图6-2是一个有趣的花生历险故事的场景，请你以花生为原型，创建一个故事，利用花生及其他材料制作场景，展示你天马行空的想象力吧！

图 6-2

活动3：储存花生

想一想，议一议

通常我们把花生归类于"坚果"。实际上，花生不像核桃一样有着又厚又硬的壳，而是像大豆长在豆荚里一样，只不过，花生的壳不是长在地面上，而是长在地底下而已。花生的壳，就相当于大豆的豆荚。在中国，花生是主要农作物，但你知道吗？花生最初可并不产自中国，而是原产于南美洲，是妥妥的舶来品。花生是随着殖民活动和贸易发展，传到了亚洲、欧洲和非洲，随后才漂洋过海，由非洲黑奴带到北美洲。现在，花生已经成为全世界人们都喜欢的食品之一。

写一写，当我们收获了很多花生之后，该如何储存花生呢？

预期成果

我们经历了花生苗的水培、花生画创意制作，还通过查询资料，了解了花生等坚果的储存要点。同学们以小组为单位，制作了"花生种植科普指南"海报。请在表6-1中将你们组的成果记录下来。

表 6-1

花生种植成果照片

亮点简介

评价反思与改进优化

现在，你的"花生种植科普指南"已经完稿了。请你对照表6-2对自己学习的情况进行评价与反思，以便日后改进。

表 6-2

评价内容	评价标准			评分
	待努力级（1~2分）	合格级（3~4分）	示范级（5分）	
周期完整	植物的生命周期不完整	从种子萌发期、生长期、开花期、结果期进行完整描述	按照一定顺序，从种子萌发期、生长期、开花期、结果期进行完整描述	
内容翔实	不能准确描述各时期植物的形态结构与生理功能、对环境条件的需求	准确描述各时期植物的形态结构与生理功能、对环境条件的需求	准确描述各时期植物的形态结构与生理功能、对环境条件的需求，对比不同时期的异同点，突出每个时期的特点	
基于证据	种植方法与主张不是完全基于证据的	种植方法与主张是基于证据的：观察、实验与资料调研	种植方法与主张是基于证据的：观察、实验与资料调研；证据翔实，逻辑严谨	

（续）

评价内容	评价标准			评分
	待努力级（1~2分）	合格级（3~4分）	示范级（5分）	
概念运用	很多表述使用的仍然是生活概念，而不是学术概念	能够用生物学概念进行科学表述	能够用生物学概念进行科学表述，概念使用准确而恰当	
表达艺术	版面不清晰、不美观、不够吸引人	指南整体框架与排版思路清晰，内容图文并茂，直观且美观	内容编排富有创意，指南整体框架与排版思路清晰，内容图文并茂，非常吸引人	
总分				
优化改进				
我在本项目中学到了				
有一些地方做得不好，我的遗憾				
如果重来一次，我想				

项目 7 太空种子种植实践

走进情境，融入角色 >>>

为实现资源自主可控，科技自立自强，如图 7-1 所示，我国航天科学家和农业科学家充分发挥聪明才智，将最先进的航天技术与古老的传统农业相结合，利用诱变技术进行育种，加快育种步伐，提高育种质量。1987 年 8 月 5 日，我国第九颗返回式科学试验卫星发射成功，将一批农作物种子送向遥远的太空，由此揭开航天育种序幕。油菜、冰菜、小麦、大豆、金银花、欧李、蛋白桑、黄芪穿越范艾伦辐射带，进行太空诱变和航天育种试验。

图 7-1

在此项目中，你需要迎接的挑战是：

在此项目中，你需要迎接的挑战是：学校获得了一些太空番茄种子，需要你进行种植并呈现研究报告，说明遗传育种的新品种与普通番茄品种相比较的优劣；需要思考如何利用装置，开展探究实验。

表现性任务 >>>

1 任务类型

科学探究报告，实验成果展示。

2 涉及学科

生物学、数学。

3 任务复杂程度

★★★

4 科学素养特色培养

通过"太空种子"的育种和种植，培养学生自主学习和科学探究的能力。学生在植物栽培基地的真实情境中，应用认知过程处理和解决问题，与团队成员有效沟通，培养科学思维，发展实践能力。

学习目标 >>>

1 科学概念

了解航天育种原理等科学知识，辨别植物的器官，认识影响农业生产的环境因素。

2 思维方法

学习育种知识原理和种植方法；亲自参加栽培实践活动；通过栽培观察和展示、栽培技术与科学试验，观察记录植物生长全过程；运用观察法、控制变量法、对照实验法，发现问题，探究解决，尝试总结经验、发现规律。

3 探究能力

探究体验太空种子生长全过程，学习掌握播种、移栽定植、植株整形等栽培技术；能够说出植物生长各个关键期的管理方法；能够使用工具进行科学测量和观察；能够分析总结自己的收获和体会；能够进行分享和展示种植过程和结果。

4 态度责任

养成细致严谨的科学态度，坚定劳动创造美好生活的信念，崇尚劳动、尊重劳动，并创造性劳动。

任务1　太空种植我实践

活动1：育　苗

当我们打开购物网站，搜索关键词"太空种子"，我们能看到许多易种植的太空物种。比如，太空萝卜、太空茄子、太空辣椒、太空番茄、太空菜豆、太空黄瓜、太空南瓜、太空白菜等。我们收到货后会发现，买到的都是种子。其实，我们吃的很多食物都是植物的种子，比如，瓜子仁、花生仁、大米、小麦粒、芝麻……

当我们拿到种子之后，如何栽培才能使其开花结果，最终形成产品报告呢？请了解种子栽培技术，它一般包括育苗、分苗、定植、中后期管理四个步骤。

我们拿到手的太空番茄种子，有几粒破损了，你觉得它们还能长成幼苗吗？请判断，并说出你的理由。

我认为破损的番茄种子＿＿＿＿＿＿＿＿（不能/能）长成幼苗，我的理由是＿＿＿＿＿＿＿＿＿＿＿＿＿＿＿＿＿＿＿＿＿＿＿＿＿＿＿＿＿＿＿＿＿。

画一画　解剖一粒番茄种子（如果是花生、菜豆等种子也可以）。将种子泡软种皮，撕去外皮，掰开，观察、辨认种子的结构。比如，种皮、子叶、胚。并画下来。

了解了太空种子之后,你是否还有一些想要一探究竟的问题?比如:太空种子和普通种子生长状况的对比研究;探究不同种植密度对番茄幼苗生长的影响;探究光照对幼苗生长的影响,等等。

请你提出一个自变量和因变量都可以测量的科学问题,和同学交流讨论后写下来,并完成表7-1。

表 7-1

序号	要素	详情
1	背景	提出问题:
2	目的	①课题:为了研究(　　　　)对(　　　　)的影响 ②假设:
3	材料	
4	方法	①变量: 　　自变量: 　　因变量(或检测指标): 　　无关变量: ②组别:可以对表格形式进行设计 ③流程: ④重复实验(又称平行实验):
5	结果	通常以表格的形式如实记录
6	结论	
7	推测	

确定研究选题后，我们开始种植吧！

探究实践，获取证据

育苗首先需要浸种催芽。

A同学采用温汤浸种。将种子放在清洁的容器里，倒入50～55℃的温水（用2份开水加1份凉水兑成），边倒边搅拌，当水温降至室温时停止搅拌，继续浸种至种皮变软。该方法具有清除种子表面病菌的作用，适合于种皮较厚的种子。

B同学将种子放在20～25℃的水中浸泡，该方法简单易行，但是种子吸水速度慢，无消毒作用。浸种时间长的种子应定时换水，同时搓洗种子，去掉种皮上的黏液，换上清水后继续浸泡。

C同学在黑暗条件下催芽。用30℃以下的温水浸湿纱布后平铺于培养皿中，然后将浸种后的种子置于其上，并用浸湿的纱布覆盖，在25～30℃的恒温培养箱的黑暗条件下催芽，当有50%～70%种子露芽时即可播种。

三位同学都成功了。你是如何浸种催芽的呢？大概_____天，种子胚根突破了种子，种子发芽啦！

接下来，我们需要进行穴盘选择。

一般选用黑色聚氯乙烯吸塑盘或聚氨酯泡沫塑料模塑育苗盘（穴盘）。育苗盘孔穴数有50孔、72孔、98孔、105孔、128孔等多种规格。在生产中应兼顾生产效益和种苗质量，根据所需种苗种类、成苗标准、生产季节选用适当的穴盘。

然后是基质选择。育苗基质的选择是工厂化穴盘育苗技术的一项重要内容，关系到育苗成本和种苗质量。因穴盘的穴格小，所以，穴盘育苗对基质的理化性质要求很高，要求基质具备保肥、保水力强、透气性好、不易分解、能支撑种苗等特点。

常用的育苗基质由草炭、蛭石、岩棉、炉渣灰、珍珠岩、炭化稻壳、腐熟的有机质等材料配制而成，多种基质恰当混合使用，可以得到理化性质效果好的育苗基质。例如：通过试验筛选出的育苗基质配方为：草炭、蛭石、珍珠岩的比例为3∶1∶1。

其实，我们可以选取一些生活中易获得的穴盘，比如，将一个酸奶盒刷干净，选取合适的基质进行育苗。

你用的穴盘是_____，基质配方为：_____。

先将育苗盘填满育苗基质，之后浇足水，等水全部渗下时再播种。播种后，及时覆盖约1厘米厚的土壤，覆土后盖一层塑料膜保温保湿。

小苗在生长的过程中，我们需要进行哪些管理呢？

知识链接

（1）温度管理

育苗时期温度管理要高度重视，否则会严重影响后期生长。

①出苗前温度高，气温为25~30℃的条件下，出苗快而齐。

②70%出苗后，撤掉地膜，白天气温保持在20~25℃以上，晚上气温保持在10~18℃以上，进行低温炼苗，避免徒长。

③在幼苗两片子叶充分伸展，第一片真叶露尖时，白天室温调到25~30℃，夜间室温调到15~20℃，以利于幼苗生长发育。

④分苗前5~7天，育苗盘要降温，加大通风、控制水分、锻炼秧苗，白天气温保持在15~20℃，夜间气温保持在8~10℃。

（2）湿度管理

苗床应有充足的水分，但又不能过湿。播种时浇足底水，湿度低的时候浇水即可，最终以保持土壤湿润为宜；湿度过高，导致温度低，幼苗根系生长弱，猝倒病、立枯病易发生。降湿的方法是：在不影响温度的情况下通风降湿，幼苗期避免再浇水。

幼苗生长过程中，也要注意病害管理。猝倒病可选用百菌清、杀毒矾或普力克、甲基托布津；立枯病可喷施恶霉灵1200~1500倍液、50%多菌灵1000倍液等。

这些农药治病的原理是什么呢？请你查找资料后用自己的理解写下来。

活动2：分　苗

知识链接

为使幼苗粗壮，根系发达，当幼苗长到2叶或3叶时进行分苗。

（1）分苗技术

分苗前一天，幼苗要浇水，以利于起苗，防止散坨，减少伤根，促进缓苗。将幼苗及时栽种到一次性纸杯或小花盆中，根部填充营养土，并及时浇足水，防止秧苗萎蔫。

（2）分苗后的管理

①温度管理

缓苗：分苗后1周内，苗床要保持较高温度，有利于生根缓苗。白天气温保持在28～30℃，夜间气温保持在15～20℃。

缓苗后：降低气温，一般白天气温保持在20～25℃，夜间气温保持在15～17℃，以保持秧苗健壮，避免徒长。

②水肥管理

分苗后到新根长出以前，一般不浇水，幼苗定植前15~20天，可结合浇水追一次速效化肥。

③光照管理

分苗后2~3天，在中午光照较强时，应注意遮光，防止幼苗失水萎蔫，造成缓苗时间过长。缓苗后，保证幼苗有充足的光照，利于幼苗进行光合作用。

有理有据，敢于表达

壮苗标准：健壮的幼苗株高适当，茎秆粗壮，节间短，真叶有若干片，子叶完好，真叶叶色深绿，叶片大而厚，无病虫害，根系发达等，具有旺盛的生命力。

> **有理有据，敢于表达**

　　据结果分析，你的小苗是否达到壮苗标准了呢？如果没有，可以分析一下原因。

知识链接

　　（1）蚜虫

　　用10%的吡虫啉4000～6000倍液或5%的高效氯氰菊酯2000倍液喷雾，同时用黄板进行诱杀。

　　（2）叶螨

通风不良或密植环境，特别是高温干旱条件下容易滋生叶螨，用三氯杀螨醇800倍液或5000倍的1.8%阿维菌素乳油喷雾，每隔7天喷一次，效果很好。

　　（3）猝倒病

主要发生在幼苗期，病苗近土面处开始呈水渍状，以后褪绿转黄，病部收缩如线而引起折倒，但叶片仍为鲜绿色，喷百菌清可湿性粉剂1000倍液。

　　（4）灰霉病

主要发生在苗期，茎叶上生长灰白色的霉状物。主要是加强通风换气，以及喷600～800倍甲基托布津液。

　　（5）炭疽病和疮痂病

这两种病害都发生在结果期，主要为害叶片，形成病斑，造成大量落叶。用代森锰锌500倍液喷雾，或25%的多菌灵可湿性粉剂250～500倍药液喷雾，隔5～7天喷一次，连喷三次。

　　太空菜园快要丰收啦！你的幼苗长势如何？

活动3：定 植

试一试

（1）定植前管理

定植前10～15天进行低温炼苗。定植前温度低，低温炼苗，白天气温保持在23～25℃，夜间气温保持在10℃左右。做到苗子健壮、整齐、不徒长。炼苗方法应该根据苗子长势而定，长势好、气温高就要多通风。

（2）移栽技术

当幼苗生长到4～6片真叶时即可定植。如果在种植箱或大田中，定植行距55cm，株距35～40cm，每穴1株；如果在大花盆中，花盆选择直径30cm左右的，每盆1株。定植选择在晴天上午8点～下午3点进行。

将幼苗从一次性纸杯或小花盆中带土取出，避免伤及根部，栽种前应施加底肥，底肥施加深度常为15～20cm或更深。浇足定根水，以利于缓根发苗。

（3）定植后管理

定植后3～5天内注意保温缓苗，缓苗后逐渐增加光照强度。缓苗后进行蹲苗管理，总需水量不大，土壤相对湿度保持在50%～60%为宜，以促进发根壮秧。待第一穗果坐住并开始膨大时结束蹲苗。因此，管理上应注意维持适当温度，保持湿润，通风透光，遮阴降温，防病虫危害。

比一比

你可以和同学种植的幼苗比一比，看看定植时谁的幼苗更强壮？可以将照片贴在本页空白处。

活动4：中后期管理

试一试

蹲苗期后进行浇水追肥，保证光照充足，促进果实迅速膨大。

（1）温度管理

科学调控温度，保持适宜温度，利于植株正常生长。特别是盆栽条件下，环境温度过高，要采取必要措施降温。

（2）肥水管理

当第一穗果坐住开始膨大时结束蹲苗，浇一次肥水，宜选用有机肥、复合肥或生物有机肥，以利于果实快速膨大，以后5~6天浇一次水。每出现一穗果，再浇一次肥水，施肥数量比前一次适当提高些，做到一肥一水。高温季节，浇水应在早晨或傍晚进行。

（3）疏松土壤

为破除土壤板结、调节土壤水分、增强土壤微生物活动能力、加速土壤养分分解，促进植株根系发育，要及时进行疏松土壤。

（4）人工授粉

对于虫媒花植物，花期蜜蜂比较少，这个时候需要进行人工授粉，授粉温度在20~25℃为宜。一般在上午9~11时采摘雄花进行授粉，每朵雄花授2~3朵雌花。

（5）整枝打杈

植株分枝过多，枝叶相互缠绕或遮挡，这样会影响光合作用，而且容易诱发病虫害，同时影响坐果，因此要及时进行植株调整，改善光照、通风和营养条件，从而提高坐果率和产量。根据品种的不同，采用单秆或双秆整枝方法，适时进行打杈摘心，支架绑蔓。要选择在晴天上午进行整枝打杈，避免在阴雨天操作，否则伤口易感染。

（6）防治病虫害

加强病虫害的防治工作，平时注意观察，发现问题及时处理。一般包括农业防治、物理防治、生物防治和化学防治。其中化学防治要选用高效低毒药剂来喷雾或浇灌，可选用杀虫剂、杀螨剂、杀菌剂等。

（7）光照充足

充足的光照条件下，植物才能正常生长。特别注意，连阴天光照弱，以及室内栽培光照不足的问题。

任务2 研究论文和原始材料展示要点

活动1："研究论文"评比规则

有理有据，敢于表达

种植完成后，我们需要提交研究报告了。我们应该从哪些方面，对比太空种子和普通种子呢？

活动2：过程性材料展示

有理有据，敢于表达

我们需要哪些过程性资料？请确定规则，如照片、记录表等。

任务 3   太空种子研究展示

活动 1：太空果实大比拼

写一写

根据品种介绍，成熟后要及时采收，否则会影响果实的品质与口感，而且妨碍植株进一步的生长和结果。采收时，连同果柄一起摘下，请你观察、测量并称重，在表7-2中记录。

表 7-2

指标	太空番茄	普通番茄
外观		
质量		
口感		
……		

活动 2：向他人宣传本组研究

画一画

基于自己的观察与实验数据，并结合资料数据，以图文并茂的形式，清楚展示某一种蔬菜一生各个时期的形态结构与生理活动特点，指导人们遵循植物生命发展周期的规律进行植物种植。

活动3：展示与汇报

有理有据，敢于表达

经过你的对照栽培与养护，你发现太空种子种植出来的蔬菜与普通种子种出来的蔬菜相比有哪些优劣？

请图文并茂地展示汇报吧！

评价要点：周期完整、人员分工明确、展示交流表述流畅，有自己的思考。

预期成果

经过太空种子的种植体验，我们通过观察有以下收获：熟悉植物形态学特征、生长习性；栽培技术使用合理；选择栽培措施有合理依据；考虑作物生长质量，包括高度、丰满度、叶色、结果数量和单果重。在掌握植物栽培技术合理使用的基础上，对所栽培植物的生长发育变化的观察记载科学、准确、翔实、规范，强调植物生长的动态性。

不少同学进行了实验，我们收获了科学探究的一般流程，提出实验设计方案，开展科学探究，说明实验现象，尝试分析原因，得出实验结论。优秀的科学探究作品有对照、实践创新，过程完整，数据翔实。建议利用PPT等多媒体方式进行展示，完成表7-3。

表 7-3

太空种子和普通种子植物展示照片

评价反思与改进优化

怀疑是审视的出发点，思维是辩证的武器，实证是判断的尺度。在尝试科学探究的过程中，我们训练了观察、分类、测量、推断与预测、交流与表达、识别与控制变量、制作图表、形成并验证假设、实验实施和结果分析、建立模型等技能。请你对照表7-4根据自己学习的情况在自评结果中打钩（√），并进行反思，以便日后改进。

表 7-4

评价内容	评价标准	自评结果
学习态度与参与度	非常积极，认真听讲并积极参与	
	保持一定兴趣，但缺乏深入思考	
	较为消极，缺乏参与和投入	

（续）

评价内容	评价标准	自评结果
理论知识掌握	清晰认识基本原理和分类	
	有一定了解，但需加深记忆	
	掌握不够扎实，需加强学习	
实践操作能力	能够独立完成制作，熟练掌握步骤	
	基本能按要求操作，需提高熟练度	
	遇到较多困难，需加强实践	
团队协作与沟通	积极参与，合作愉快	
	能完成任务，沟通协作待提高	
	表现不佳，缺乏沟通和协作	
创新与思考	能提出新想法和改进意见	
	能按要求完成，但缺乏独立思考	
	只是机械操作，缺乏思考和创新	
优化改进		
我在本项目中学到了		
有一些地方做得不好，我的遗憾		
如果重来一次，我想		

这一次你选择的是哪一种蔬菜？如果让你再挑战一种植物的种植研究，你将如何选取种子进行实验呢？

项目 8 如何养好一株植物

走进情境，融入角色 >>>

我们的家中常有绿植相伴，很多同学在家中都尝试过种植植物，但结果往往并不相同。有的同学能在阳台种植出一盆油菜，实现家庭蔬菜有机种植；有的同学带着种植成果参加了植物栽培大赛，如图 8-1 所示；但也有同学在种植方面不太擅长，总抱怨天天浇水植物还是死了。在这个项目中，我们将自由选择一株植物进行种植养护，通过探究合适的种植方法，让每个人都能成为种植小能手。

图 8-1

在此项目中，你需要迎接的挑战是：

选择一种植物从种子阶段进行种植养护，进行观察记录；在种植中发现问题并尝试通过实验进行解决，形成种植建议手册。

表现性任务 >>>

1 任务类型
种植手册。

2 涉及学科
生物学、数学、美术、化学。

3 任务复杂程度
★★★

4 科学素养特色培养
通过完成植物的养护任务，让学生在劳动实践中体验、经历、培养科学精神，增加劳动技能。在完成种植任务的基础上，能够发现问题并通过实验进行解决，提升科学探究能力。

学习目标 >>>

1 科学概念
通过本项目的探索，能够认识植物的生存需要光、温、水、气、盐等条件；能够根据实验现象尝试解释非生物因素对植物生长的影响；能够选择合适的指标来评价植物生长情况；能够通过文献法，拓展知识宽度，融合多学科解决问题。

2 思维方法
经历本项目的探索，能够运用观察法、选择适当的观察工具对植物的生长进行观察记录。根据已有知识提出问题、进行合理猜想，并进行对照实验设计及实施，独立运用观察法和实验法。

3 探究能力
在对本项目的研究中，能够在情境中独立提出可探究问题并进行合理假设；能够在老师的指导下展开小课题研究；能够独立制订计划并在合作交流后完善；能够独立实施计划并得出科学结论；能够在老师的指导下形成研究报告。

4 态度责任
体验植物种植过程，认识植物与人类及生物圈的重要关系；经历完整的探究过程，对植物的种植提出合理化建议。

任务 1　源于观察，发现问题

"它是窃取天火的普罗米修斯，它所获取的光和热，不仅养育了地球上的其他生物，而且使巨大的涡轮机旋转，使诗人的笔挥舞。"这是俄国著名生物学家季米里亚捷夫对绿色植物的评价。你能说一说，绿色植物是通过什么方式"窃取天火"的吗？你还知道植物对人类来说，有哪些重要意义吗？

活动1：如何评价一株植物的长势

（1）观察班级中的植物（实物），小组内交流，评价这株植物的生长情况。

（2）总结可以评价植物生长好坏的指标，并说明这些指标如何测量，填写在表8-1中。

表　8-1

评价指标	测量工具	评价指标	测量工具
株高	直尺		

• 有理有据，敢于表达 •

回想你曾经的种植经历……

（1）和同伴说一说，你在曾经的种植经历中出现的问题。如果有种植失败的原因，尝试分析一下。

• 有理有据，敢于表达 •

（2）归纳可能对植物生长产生影响的原因。

（3）如果再给你一次种植的机会，你会如何规避之前出现的问题，寻找最优的种植条件。

探究实践，获取证据

梳理问题形成小课题，完成表8-2。

（1）写出关于植物，你想研究的问题。如果问题还没成形，可以记录一些关键词。

（2）在老师/同学/综合科学指导手册的帮助下，写出你想研究的课题名称。

（3）对你的课题简单进行预设和制订计划，分享给大家。

表 8-2

研究目的	
研究假设	
自变量	
因变量	
无关变量（常量）	
实验设计（文字描述，可以用画图辅助）	
预计实验结果	

活动 2：展开探究

三人行，必有我师。相信在同学和老师的帮助下，你的想法将更加完善，你的课题将更加精彩！

组建队伍，完善实验

（1）通过你的介绍，一定有同学对你的课题特别感兴趣，愿意成为你的合伙人。他们是_____、_____。（每个课题最多3名同学哦！）

组建队伍，完善实验

（2）将组内同学给你的《开题报告建议评价表》其中的建议部分，适当裁剪，粘贴在下方。

（3）在上述建议中，你认为哪些对你是有帮助的？请用记号笔进行标注。

（4）根据同学们的建议，请对你的实验设计进行完善。借助文本或计算机，将实验思路进行梳理，并发送给老师。

要求：

命名：班级+姓名（成员）+题目

内容：实验题目、选题原因、实验目的、实验材料、实验计划

探究实践，获取证据

下面就把时间交给你了，开始探究吧！当然，你可能还需要一些数据记录、统计、测量方法的帮助。推荐你可以使用表8-3完成观察/实验记录。篇幅肯定不够，可以另附纸张或借助计算机记录。

表 8-3

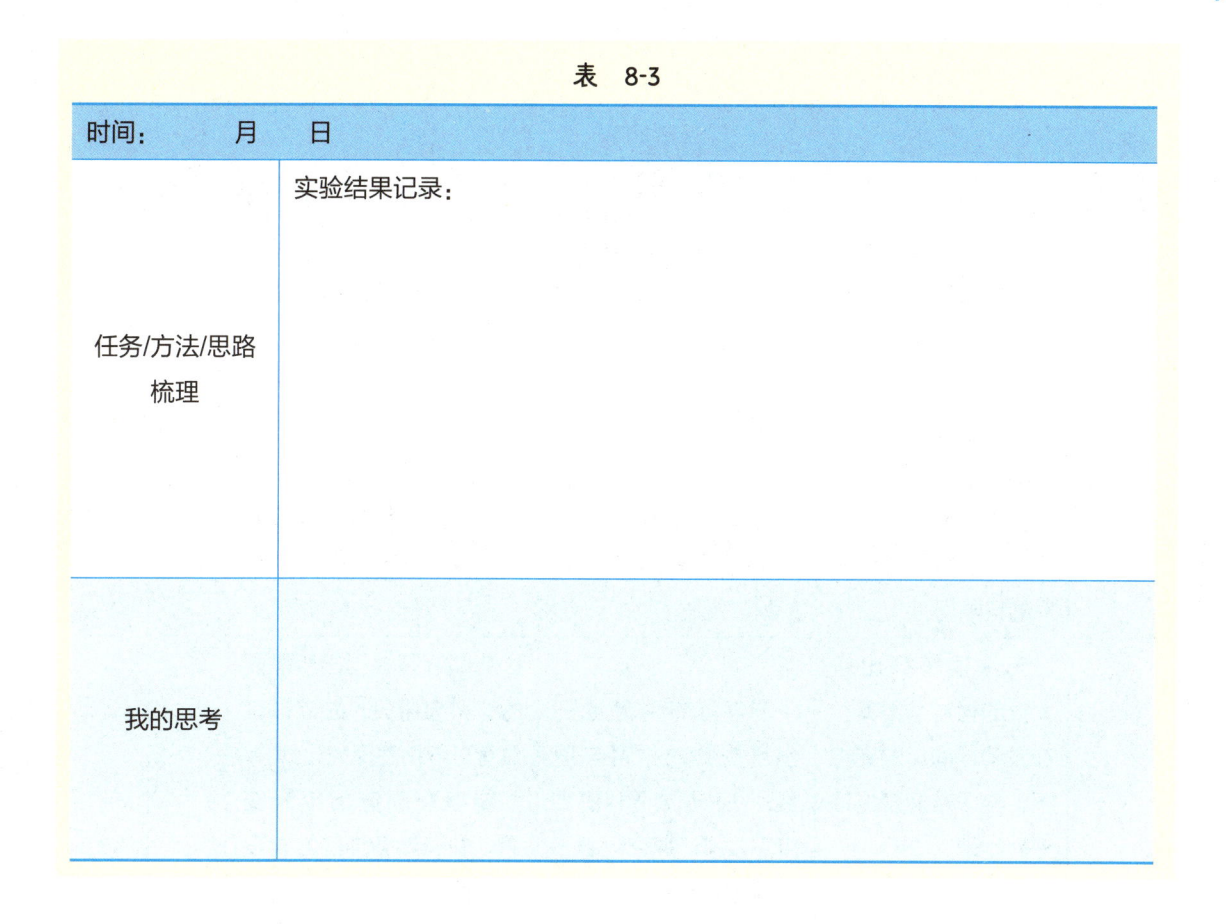

时间： 月 日	
任务/方法/思路梳理	实验结果记录：
我的思考	

活动3：争当种植大师

做一做

（1）尝试选择一株植物进行种植，并在种植中持续观察，记录你选定的测量指标。

（2）结合探究实验结果，形成对这种植物的种植建议，通过海报、PPT等形式制作种植建议手册。

评一评

结合表8-4，将成果在班级中分享给同学们，然后评选出你心中的科学大师。

表 8-4

评价内容	评价标准			个人自评	小组互评
	科学萌新（1分）	科学达人（3分）	科学大师（5分）		
科学发问	很难从日常生活、生产实践或学习中发现与植物生长相关的问题 无法书面或口头表述所发现的问题 无法在老师的指导下将问题提炼为可探究的科学问题	能够尝试从日常生活、生产实践或学习中发现与植物生长相关的问题 能够尝试书面或口头表述这些问题 能够在老师的指导下将问题提炼为可探究的科学问题	能够从日常生活、生产实践或学习中发现与植物生长相关的问题 能够准确而凝练地书面或口头表述这些问题 能够独立将问题提炼为可探究的科学问题		
科学实践	无法清楚列出所需要的材料与用具；在教师或同伴的支持下，也很难清楚拟订探究计划 无法选出控制变量；无法设计对照实验 未进行观察、实验；未收集证据、数据，并进行如实记录 无法描述现象 无法分析和判断证据、数据，不能得出合理的结论	能够基本清楚地列出所需要的材料与用具；在教师或同伴的支持下，拟订探究计划 能够选出控制变量；能够设计对照实验 能够进行观察、实验；能够收集证据、数据，并进行记录 能够描述现象 能够分析和判断证据、数据，并得出合理的结论	能够清楚地列出所需要的材料与用具；独立拟订具有可行性的探究计划 能够准确选出控制变量，并通过多样的方式设计对照实验 能够进行持续而专注的观察与实验；能够收集证据、数据，并有序地、如实地进行记录 能够准确而全面地描述现象 能够从不同角度分析和判断证据、数据，并得出合理的结论		
科学表达	依据教师提供的建议，无法写出完整的探究报告 无法与同学交流探究过程和结论	能够依据教师提供的建议，写出完整的种植手册 能够与同学交流探究过程和结论	能够独立撰写种植手册，且报告结构合理、内容完整 能够积极主动地与同学交流探究过程和结论，且表述清晰有条理		
总评					

预期成果

（1）选择植物，进行种植。

（2）判断长势，精心养护。基于观察到的现象，进一步思考提出问题并加以探究，请你借助表8-5，记录研究过程。

表 8-5

实验名称：
实验目的：
实验假设：
实验材料：
实验设计与实施： ①实验方案[必须包含自变量、因变量和常量（无关变量），确定对照组和实验组]   ②制作数据收集表格   ③实施实验，收集数据   实验分析和结论： ①描述你用于检验假设是否正确的方法   ②分析实验中自变量和因变量存在什么关系   得出结论，基于实验数据，描述影响种植情况的因素

（3）进阶任务：形成科学种植手册，并粘贴在下面。

评价反思与改进优化

本项目从种植经验复盘开始，从发现问题到设计实验，再次经历种植过程并进行探究实践。请你结合学案中的量表，完成实验探究报告。请你对照表8-6对自己学习的情况进行评价与反思，以便日后改进。

表 8-6

评价内容	评价标准	分值	评分
植物种植情况	能够选取一种植物，进行悉心培育养护，自觉独立定期维护	5分	
实验设计与改进	能够根据曾经的种植经验发现问题，并选取变量设计实验；根据同学和老师的建议改进实验设计	5分	
探究实践	能够根据实验设计，结合种植过程进行变量设置，持续实验并观察记录	5分	
探究报告	能够根据实验结果得出结论，并形成探究报告	5分	
总分			
优化改进			
我在本项目中学到了			
有一些地方做得不好，我的遗憾			
如果重来一次，我想			

项目 9　育英植物志——花开育英

走进情境，融入角色

春夏秋冬，均是花花草草烂漫之时。尤其是四月，眼帘可及的范围之内，花木的生命已呈饱满。无论是如图9-1所示灿烂的牡丹，还是静静挂在枝头的桃花，或是烂漫的丁香花，抑或是娇艳的海棠，这些植物生命蓬勃，展现了自然之美。

图 9-1

在此项目中，你需要迎接的挑战是：

需要和同学分工合作，选择绘制某一时期的育英植物志；将叶、果、花等植物器官分门别类，用于帮助外来参观的客人快速了解育英植物，感受我校生态之美！

表现性任务 >>>

1 任务类型

科普宣传海报。

2 涉及学科

生物学、语文、信息科技。

3 任务复杂程度

★★★

4 科学素养特色培养

宣传植物与文化，查询资料，制作植物文化宣传海报、视频等，向他人宣传。

培养发散思维、创造性思维和设计制作能力。

以开花时间为序，每种植物以一两张观赏大图为主，训练调查法、归纳法。

认识植物的花期，编辑育英花月令。

学习目标 >>>

1 科学概念

通过制作"校园叶片"图示，认识叶片的分类有：披针形、卵形、倒卵形、椭圆形、圆形、心形、戟形、鳞形；全缘、锯齿、翻卷、浅裂；奇数羽状复叶、偶数羽状复叶、二回羽状复叶、掌状复叶等。

通过分析"育英花与果"的特点，认识轮状、蝶状、高脚杯、漏斗、钟状、唇形、筒状、十字形等不同的花形，区分总状花序、圆锥花序、伞房花序、伞形花序，辨别翅果、蒈荚果、荚果、聚合果。了解椿萱并茂、桑梓之地、田家荆合等成语背后的文化意蕴。

认识生物多样性的概念，辨别育英学校植物的营养器官与生殖器官，理解结构与功能的适应关系、生物与环境的适应关系；了解植物所蕴含的传统文化；了解植物的古代诗词以及成语背后的文化意蕴。

2 思维方法

举例说出植物调查的一般方法，初步学会设计调查方案，尝试设计《花开育英》手册。

每人至少描述一种所调查校园植物的特征及它们的生活环境。

运用科学探究的观察法、实验法，开启小探究。

3 探究能力

通过本次调查及制作活动，培养自主学习、探究实践、鉴定技能、分工合作、写作演讲、创新应用等多项能力；经历科学探究的一般过程；能够针对老师提出的可探究问题做出自己的假设；能够在老师的指导下制订计划、小组合作实施计划；能够表达和交流自己的探究结果。

4 态度责任

认识到身边植物的生存状况，珍爱生命，认同人与自然和谐发展的意义，从而增强热爱生物、热爱校园的意识。

任务1　育英植物预调查

活动1：观察并绘制植物器官

生物圈中已知的绿色植物有50多万种。它们形态各异，生活的环境也有差别。每到早春二月，柳树展开嫩绿的新叶，绽放鹅黄的毛茸茸的花蕊；桃花芳菲；迎春、玉兰争奇斗艳，如图9-2所示。你可曾关注到，在枯草落叶掩盖的大地上，紫花星星点点，破土而出？即使没有充足的阳光，紫花堇菜也在默默地生长，在田埂、郊野、公园，绽放自己独特的美。

图 9-2

探究实践，获取证据

请观察并绘制不同校园植物叶子的形态结构。

项目 9 | 育英植物志——花开育英 107

找一找

找找校园中的花朵类型，请对照图9-3进行归类。

轮状	蝶状	高脚杯	漏斗
钟状	唇形	筒状	十字形
总状花序	圆锥花序	伞房花序	伞形花序
翅果	蓇葖果	荚果	聚合果

图 9-3

活动2：小组交流，设计图志

现在，我们需要确定本组图志的展示方式。如果我们想要形成自己图志的分类标准，那么，就要自圆其说，用证据支撑主张。图尔敏论证模型由根据、支援、保证、假设、反证及主张6个相互关联的要素共同构成，如图9-4所示。

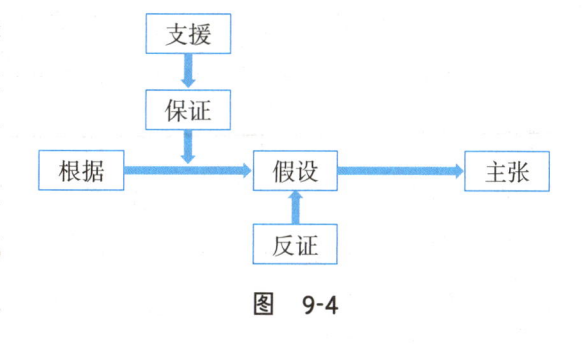

图 9-4

• 有理有据，敢于表达 •

分组论证你们小组植物志中花、果、叶分类的标准，思考它的优点与缺点。

任务 2　绘制育英植物志　我行动

活动1：校园植物调查

校园绿化是学校生态建设的一个重要组成部分，对于美化校园环境、净化校园空气、改善校园局部气候发挥着重要作用。校园内丰富的植物种类和多样的植物群落也发挥着重要的科学教育功能，是了解自然环境和生物科学知识的重要窗口。同时，校园植物群落作为一种人工群落，也是十分脆弱和不稳定的，如何合理布置植物种类，提高校园植物的群落多样性和物种多样性，营造一个稳定健康的植物群落，显得尤为重要。通过对植物种类和群落结构的调查研究，我们可以得到校园植物的物种组成和群落结构特征，从而为提升校园绿化的科学性、更大地发挥校园植物的生态功能提供依据。

运用植物学、生态学、GPS定位等研究方法，通过我们自己的调查，查清校园植物的种类与数量，并对每种植物进行坐标定位和挂牌，建设一个数字化的校园"植物园"。小组分工分区域开展调查，行动起来吧！

活动2：观察并绘制不同花瓣的形态

有理有据，敢于表达

（1）关于花瓣的形态结构，我查到哪些？

（2）关于花瓣与几何图形，我学到哪些？

任务3　搜寻植物中的传统文化

活动1：了解植物与文化

读一读

植物在我校的校园文化中有许多体现之处。从学校大门进入，便是江山社稷广场。仔细观察江山社稷石，可以发现这光秃秃的石头上，竟有植物在生长，还有三棵茂盛的小榆树。说到这三棵小榆树，有一个故事分享给大家：有一天，于校长发现江山社稷石上长出了植物，是三棵小榆树。后来越长越大，就觉得奇怪，这石头缝隙里没有多少土，也没人刻意地去浇灌，植物是怎么生长出来的呢？不禁感叹它的顽强。后来这三棵小榆树被留了下来，成了校园文化中一个特殊的教育元素。在于校长的提示下，具有顽强生命力的小榆树引起师生关注，成为全校师生的榜样。小榆树就像我们的学校一样，克服重重困难，在校长的带领下探索自己的生长道路，在逆境中发展，不断成长。小榆树更像我们的学生，在成长过程中会遇到很多挫折、困难，但是我们可以凭借坚定的信念、顽强的毅力，勇敢地迎难而上。

再向前走，穿过思明楼，一条静谧而充满阳光的道路便显现在眼前。路旁种植的便是菩提树。从2011年起，学校对整个校园进行了重新规划与设计，移走了冬青树围。不再以方便管理者为目的，而是铺上了白石沙，植种了菩提树，在炎热的夏季，从树荫下走过，一丝清凉带给师生一份宁静。同时选用菩提树作为静的象征，立在篮球场旁，予以动静结合的含义，体现育英全面发展的教育理念。

学校中还有一条充满诗意的木栈道，那便是海棠花溪。文人们常用海棠寓意佳人，表达思念、珍惜、慰藉、从容、淡泊的情愫。在校园里种植海棠花，感召着在校的育英学子珍惜师生情谊、同学情谊和母校情谊。有了这样的情愫，育英学子将来无论是在生活中还是在工作中，都能够珍惜身边的人和身边的事。对于毕业的育英学子而言，每每看到自己在海棠花溪——学子路留下的照片，就会升腾起思念之情，同时回忆起母校对自己的嘱托与期待——淡泊名利、从容做事。

植物在我校的校园文化中，有着不可替代的作用与地位。多样的植物方方面面体现了育英学校优秀的教育理念及丰富的校园文化内涵。调查和了解校园植物，有助于增加学生们对校园文化的认同、对校园的热爱。

活动2：宣传植物文化意蕴

不仅如此，我们的校风也与植物有着密切联系。学校里种植了许多桃树，盛夏时桃树结出果实，却没有一个学生把果实摘下来品尝。久而久之，便形成了

"静静挂在枝头的桃子"的校风，如图9-5所示。

图 9-5

有理有据，敢于表达

你还知道哪些校园植物的意蕴？请调查了解、记录分享一下吧！

活动3：宣传作品

做一做

参考校园里常见的海报示例，你也设计一张图文并茂的海报，宣传你的成果吧！

任务 4　编辑植物志

活动 1：头脑风暴，形成内容框架

做一做

记录你设计的育英植物志的内容框架吧！

可以参考你最喜欢的一本书的目录，突出你的逻辑和特色哦！

活动 2：分组编辑，形成文稿

做一做

各章节的人员分工是怎样的呢？记录下来吧！

活动3：项目评价，过程赋分

> **有理有据，敢于表达**
>
> 各组按顺序由代表向全体师生汇报（其他同学可以适当补充），小组间相互评比。

预期成果

各组确定选择的植物类别，形成植物志的章节，全班共同形成校园植物志的内容。可以用月份或者区域赏花指南等形式串联各章节内容。该植物志将用于帮助外界参观我校的客人了解我校生态环境使用。鼓励同学们借助中国植物志官方网站和网页上的二维码生成器形成植物的二维码，借助信息技术手段，形成融合线上线下的游览指南。

评价反思与改进优化

各组形成的育英植物志进行质量评价，请你对照表9-1对自己学习的情况进行评价与反思，以便日后改进。当然，你也可以在这个基础上进行调整哦！

表 9-1

评价内容	评价标准			小组自评	组间互评	教师评价
	待修改级（5~6分）	合格级（7~8分）	优秀级（9~10分）			
科学性	主题不明确，内容没有全部围绕主题，逻辑性较差　较准确使用术语不能洞察人们在植物科普方面存在的问题，没有针对性地设计海报	主题明确，内容围绕主题，逻辑性较强　较准确使用术语　能洞察人们在植物科普方面存在的问题，较有针对性地设计海报	主题明确，内容紧密围绕主题，逻辑性强　能准确使用术语　能洞察人们在植物科普方面存在的问题，有针对性地设计海报			
内容表达	内容脱离主题，逻辑混乱　图文之间无关联，文字不简练，字体不够清晰	有较强的感染力和说服力　图文并茂，图片对文字有一定增强效果，文字不简练，字体不够清晰	有很强的感染力和说服力　图文并茂，图片可增加文字的说服力，文字简练，字体大而清晰			
趣味性	表现形式单一，不能引起观众的兴趣　选择角度常规，呈现方式单一	采用较多表现形式，能引起观众的兴趣　选择角度常规，呈现方式能基本满足需要	采用丰富的表现方式，有自我见解，非常吸引人　选择角度新颖，呈现方式有创意			
总分						

优化改进

（续）

我在本项目中学到了	
有一些地方做得不好，我的遗憾	
如果重来一次，我想	

项目 10

校园"防虫卫士"

走进情境，融入角色

立志要做中国的法布尔的刘开太哥哥，利用他毕业前的时间调查了育英学校校园里的昆虫，出版了《北京市育英学校昆虫图记》一书，如图10-1所示。从书中资料可以看到开太哥哥在这三个月的时间里统计的校园昆虫有204种之多，由此可见，丰富的校园动植物资源，为昆虫家族的生长繁衍提供了可能。

你可能觉得昆虫是一群讨厌的小东西，总是嗡嗡叫，会叮咬你，吃掉庄稼，或者在你的房子里搞破坏。但你知道吗？昆虫其实是地球上最神奇、最有用、最多才多艺的动物之一。它们在自然界中有着无法替代的角色，对我们人类和其他生物都有着巨大的影响。

图 10-1

在此项目中，你需要迎接的挑战是：

作为校园"防虫卫士"，思考如何来守护校园植物免遭害虫的侵袭？

表现性任务

1. 任务类型
科学防治方案。

2. 涉及学科
生物学、化学、物理、数学。

3. 任务复杂程度
★★★★★

4. 科学素养特色培养
能够在我是校园"防虫卫士"情境中，独立提出可探究问题并进行合理假设；通过文献法，拓展知识宽度；选择适当的防治手段运用观察法、实验法达到除虫目的。

学习目标

1. 科学概念
通过研究，了解昆虫的基本特征和生物多样性，知道昆虫与人类的关系；了解防治害虫的三种办法，包括物理防治、化学防治和生物防治；了解防虫设施的基本原理，包括信息素诱导、色诱、食诱、光诱等。

2. 思维方法
经过本项目的探索，能够根据已有知识提出问题；通过文献法，拓展知识宽度；选择适当的防治手段，运用观察法、实验法达到除虫目的。

3. 探究能力
在对本课题的研究中，能够在情境中独立提出可探究问题并进行合理假设；在老师的指导下展开小课题研究，能够独立制订计划并在合作交流后完善；能够独立实施计划并得出科学结论；能够在老师的指导下形成研究报告。

4. 态度责任
在害虫防治过程中，认同植物与人类及生物圈的重要关系。
体验劳动的乐趣和艰辛，认识到农业技术在生活中的应用；认同人类和社会的需求是科技发展的动力，科学技术的发展影响着我们的生活。

任务1　了解"敌情"

活动1：辨认昆虫

小昆虫可能是园丁的朋友，也可能是园丁的敌人，所以，分清敌我是很重要的。有些小昆虫是益虫，如瓢虫和草蜻蛉幼虫，当然也有一些捣乱的坏家伙。

蝗虫就是典型的害虫，以粮食作物的秸秆为食，专门毁坏庄稼，导致蝗灾，使粮食作物减产。下面我们就来了解关于蝗虫的相关知识。

探究实践，获取证据

请你观察你搜集到的昆虫的外部形态特征，并将你观察到的结构画下来。

活动2：熟悉昆虫生存之道

知识链接

读一读表10-1中的内容，熟悉昆虫的生存之道。

项目 10 | 校园"防虫卫士"

表 10-1

守护植物	寄生昆虫	防护手段
国槐		雌性国槐小卷蛾成虫释放性信息素，雄虫可沿着性信息素气味寻找到雌虫，交配产卵，繁衍后代。国槐小卷蛾诱芯就是依据这一原理制成的仿生产品，模拟雌性国槐小卷蛾成虫释放的性信息素，配套诱捕器捕获前来"亲密赴会"的雄虫，减少雌虫交配繁殖的机会，从而减少子代幼虫的发生量，保护寄主免受虫害
梨树		梨小食心虫迷向散发器是通过在田间释放高浓度的梨小食心虫性信息素，掩盖雌虫的位置，并误导雄虫使之难以找到雌虫，使其交配推迟或不能交配。有效卵的大幅减少直接有利于虫口密度的下降，从而达到防虫的目的
油松		雌性油松毛虫成虫释放性信息素，雄虫可沿着性信息素气味寻找到雌虫，交配产卵，繁衍后代。油松毛虫诱芯就是依据这一原理制成的仿生产品，模拟雌性油松毛虫成虫释放的性信息素，配套诱捕器捕获前来"亲密赴会"的雄虫，减少雌虫交配繁殖的机会，从而减少子代幼虫的发生量，保护寄主免受虫害
白蜡树		植物挥发性物质，对白蜡窄吉丁虫成虫具有强烈的引诱作用，结合配套诱捕器捕获被吸引来的成虫，降低虫口密度，保护寄主免受虫害
桃树		模拟雌性桃蛀螟成虫释放的性信息素，配套诱捕器捕获前来"亲密赴会"的雄虫，减少雌虫交配繁殖的机会，从而减少子代幼虫的发生量，保护寄主免受虫害

（续）

守护植物	寄生昆虫	防护手段
樱桃		昆虫食物引诱剂是利用某种食物或食物中的某种化学成分来引诱害虫。食物引诱剂本身就具有吸引害虫的作用，果蝇属诱液就是依据这一原理制成的仿生产品，释放出对害虫有引诱作用的化学物质，配套诱捕器可捕获被吸引来的成虫，降低虫口密度，保护寄主免受虫害
水杉		利用害虫和寄主间的化学信息联系，识别寄主的原理，分析提纯松树体内对红脂大小蠹具有较强引诱作用的挥发性物质，并按最佳配比制成该引诱剂。将引诱剂装入一种特制的缓释性塑料小瓶，与配套小蠹诱捕器一起放置在被害林地，将其成虫引诱到诱捕器内，集中消灭，起到杀死蠹虫、降低虫口密度的作用

任务2 找到"突破点"各个击破

活动1：选定守护植物

• 有理有据，敢于表达 •

学校里丰富的植物资源，为我们美化了环境，提供了营养。可是这些植物也在遭受着一些害虫的侵袭。选取你要守护的植物。通过之前所学，调查危害它们生长发育的害虫有哪些。

活动2：制订灭虫方案

不同的昆虫喜欢寄生在不同的植物身上，科技工作者根据这些昆虫的生活习性，来精准地控制害虫的数量，达到保护植物、保护生态环境的目的。请同学们查阅资料，为你选取的守护植物，做一份守护方案。

探究实践，获取证据

查阅资料，整理你所了解的防虫措施的基本原理，填写在表10-2中。

表 10-2

防虫措施	基本原理

活动3：防护措施效果总结汇报

经过这段时间化身"校园防虫卫士"的实践活动，实事求是地记录你的实验结果，并将实验结果进行统计分析。看看你的守护方案是否可行，还有哪些改进的空间，跟你周围的同学和老师们一起分享你的研究结果。

探究实践，获取证据

请将防护措施的过程记录在表10-3中。

表 10-3

守护植物 _____ 防护措施 _____

日期	防护效果
月　　日	
月　　日	
月　　日	
月　　日	

预期成果

选择植物，作为防虫卫士进行了守护，并制订了防虫方案，分析了不同防虫措施的效果。

请你借助表10-4记录自己的防虫卫士实践。

表 10-4

选择守护植物
制订防虫措施

评价反思与改进优化

本项目中，我们认识了校园里常见的昆虫，不仅学习了生物学的知识，还了解了防虫措施的基本原理。请你对照表10-5对自己学习的情况进行评价与反思，以便日后改进。

表 10-5

评价内容	评价标准	分值	评分
辨认昆虫	观察内容全面，表现形式规范	5分	
了解昆虫	能够结合生活经验、查阅资料的结果，明确特定昆虫的生存之道	5分	
灭虫方案	选择材料合理，科学规范有创新，具有引领示范作用	5分	
小组分工合作	每个成员都有明确分工，并且高效完成任务，同组成员合作融洽，更加团结	5分	
总分			
优化改进			
我在本项目中学到了			
有一些地方做得不好，我的遗憾			
如果重来一次，我想			